Mosel

Rita Henss

DUMONT direkt

Inhalt

Die Bremmer Moselschleife mit dem Calmont

Willkommen

Zu Gast an der Mosel

Orte von A bis Z

Koblenz: Blick von der Festung Ehrenbreitstein auf das Deutsche Eck

Extra-Touren

12 Highlights

22 Reisetipps Mosel

Die Mosel im Internet

Surftipps

Sowohl die Mosel als Region als auch Einzelorte, Kommunen, Fest(spiel)-Veranstalter und touristische Zusammenschlüsse (z. B. Untermosel) haben ausführliche, in der Regel aktuelle Web-Seiten mit einer Fülle von Links verfasst. Es empfiehlt sich daher, in den Suchmaschinen nicht nur das Stichwort Mosel einzugeben, sondern auch die einzelnen Ortsnamen, Regionen (z.B. Region Trier) bzw. Veranstaltungen.

Unterkunftsbuchungen

Das Gros der Seiten bietet die Möglichkeit zur Direktbuchung von Hotels, Pensionen und Ferienwohnungen. Preislich macht es kaum einen Unterschied, ob über das Netz, auf konventionellem Weg oder erst vor Ort gebucht wird. Manche Hotels geben auf Online-Buchungen allerdings 5 % Rabatt.

Empfehlenswerte Web-Sites

www.mosellandtouristik.de Aktueller Online-Service des Fremdenverkehrsamtes für die gesamte Ferienregion Mosel-Saar-Ruwer mit breit gefächerter Info-Datenbank; auch Liste aller Fremdenverkehrsämter.

www.mosel.com, www.mosel.de Selbstdarstellung aller Städte und Gemeinden im Moseltal. Unterkunftslisten (auch Direktbuchung), Last-Minute-Angebote. Links zu Brauchtum, Übersicht Burgen und Museen, historische Stätten. Angebote für Motorradfahrer.

www.die-mosel.de Lebendiges Journal für das Dreiländereck mit interessanten Artikeln z. B. zu Kork oder Kunst an der Mosel. Zudem elf Gebietsbeschreibungen inkl. der wichtigsten Feste, Straußwirtschaften, Wasserskizonen u.v.m.

www.mosel-reise-erlebnis.de Selbstdarstellung von Hotels, Pensionen, Ferienwohnungen im Raum Mosel-Saar-Ruwer ohne Buchungstool. Ansonsten gleicher Inhalt wie die Schwester-Seite www.die-mosel.de.

www.mosel-reisefuehrer.de Gut navigierbarer Internetführer des Rhein Mosel Verlags in Bad Bertrich. Diese Seiten bieten bannerfrei umfassende Informationen zu (fast) jedem Moselort.

www.moselvielfalt.de Seite von Trittenheim, Neumagen-Dhron, Piesport und Minheim mit Infos zu Kultur, Aktivitäten, Wein, Veranstaltungen.

www.moseltouren.de Ausführliche Ortsbeschreibungen mit Geschichte und Tourenvorschlägen.

www.kulturland.rlp.de Umfassender, regelmäßig aktualisierter Überblick über das Kulturangebot in Rheinland Pfalz. Auch berühmte Persönlichkeiten der Region können mit ihren biographischen Daten abgefragt werden.

www.luxembourg-city.lu/touristinfo/ Offizielle, aber schwierig zu navigierende Site der Stadt Luxemburg in drei Sprachversionen. Hinweise auf News, Broschüren, Stadtrundgänge etc. Die französische Version ist im Detail aufschlussreicher.

www.luxembourg.lu (nur in Englisch/Französisch) Einstieg zu den offiziellen Internet-Sites des Großherzogtums (Regierung, Ministerien). Links zu den Themen Kultur und Tourismus.

Wetter-Seiten

www.mosel-wetter.de
www.mosellandtouristik.de/Moselland-Wetter/moselland-wetter.html
www.mosel-reisefuehrer.de/live/wetter.html

Willko

Steile, sonnenverwöhnte Rebhänge, zu deren Füßen sich reizvolle Winzerörtchen mit malerischen Fachwerkbauten und imposanten Weinhöfen drängen; enge Flussschleifen mit mittelalterlichen Burgen und atemberaubenden Aussichtspunkten, römisches Erbe auf Schritt und Tritt – die Mosel ist zweifellos eine der reichsten Kulturlandschaften im Herzen Europas. Rassiger Riesling und der

mmen

spritzige, fast 2000 Jahre alte Elbling bereichern den Alltag der fränkisch- heiteren Moselaner und tragen bei zu ihrer Gelassenheit. Alt und Neu fügen sich an den Ufern zueinander wie der Wein zum Glase, und auch wenn Mosella mitunter zornig ausbricht aus ihrem mäandernden, grün gesäumten Bett, bleibt sie doch die liebliche Rheintochter, die immer wieder durch ihren Charme bezaubert.

Willkommen

Mosel – »Ein Fluss, drei Länder«

Französischer Herkunft, mit einem engen Kontakt zu Luxemburg, ist die Mosel kein deutscher, sondern ein internationaler Fluss. Als La Moselle entspringt sie am Col de Bussang in den südlichen Vogesen, überwindet die Weite Lothringens, bildet die Grenze zu einem der kleinsten europäischen Fürstentümer und mündet nach rund 500 Flusskilometern mit unzähligen Windungen nur 280 km Luftlinie entfernt von ihrer Quelle bei Koblenz in den Rhein.

In ihrem deutschen Abschnitt trennt die Mosel die beiden Mittelgebirge Hunsrück und Eifel. Durch diese geschützte Tallage erweist sich das Moseltal als eine der mildesten Klimazonen der Bundesrepublik.

An der Obermosel, zwischen dem Dreiländereck bei Schengen und Konz, verläuft das Flussbett zunächst in einem breiten Tal mit nur leichten Windungen durch mächtige Keuper- und Muschelkalkschichten, die eine wellige Hochfläche bilden. Zwischen der Saarmündung und der Stadt Schweich breitet sich das Moselbett in den weichen Buntsandsteinschichten zur Trierer Talweitung aus und macht Platz für die älteste Stadt Deutschlands. In Schweich wechselt das Landschaftsbild abermals; in großen Mäandern gräbt sich der Fluss nun durch die Barriere des Rheinischen Schiefergebirges. Bogen reiht sich an Bogen, Bergrücken schiebt sich hinter Bergrücken, an jeder Biegung ergeben sich neue Perspektiven. Steile Felswände wechseln mit sanft sich vom Ufer hinaufziehenden Hügeln, bedeckt von Reben und Wäldern, gesäumt von Weindörfern und anmutigen Städtchen.

Zwischen Traben-Trarbach und Cochem wird das Moseltal noch steiler als bisher, die Mäander sind noch ausgeprägter und die stark geneigten Hänge werden durch die tiefen, waldreichen Kerbtäler der kleinen Nebenflüsse durchschnitten. Erst an der Untermosel werden die Schleifen wieder sanfter. Ohne große Bögen fließt der Fluss ab hier durch das Rheinische Schiefergebirge, das rechts und links weite, fruchtbare Trogflächen wie z. B. das Maifeld bildet. Das Tal erinnert schon stark an das Rheintal; Burgen thronen auf den Bergkuppen und die Seitenbäche haben fast klammartige Schluchten in die Hochflächen geschnitten. Und tatsächlich gehört das Gebiet naturräumlich bereits zum Mittelrhein.

Römererbe und Jugendstil

Kulturgeschichtlich bildeten die heutigen Moselanrainer Lothringen, Luxemburg und Eifel-Hunsrück bereits vor

Moselromantik pur: Beilstein mit Metternich-Ruine

mehr als 5000 Jahren eine Einheit. Jüngste Grabungsfunde aus der Jungsteinzeit beweisen dies. Auch die Kelten, die Franken, deren Erbe noch heute in der Sprache der Moselaner lebt, vor allem aber die Römer hinterließen ihre Spuren. In keinem anderen Landstrich nördlich Italiens findet sich eine solche Vielfalt antiker Zeugnisse wie gerade im Moseltal: Abgesehen von Trier mit seinen großartigen Römerbauten Porta Nigra, Palastaula, Amphitheater und Thermen liegen allein längs des deutschen Flussabschnittes 20 weitere Stationen mit Relikten aus der römischen Epoche: Villen, Kelteranlagen, ja sogar Teile eines Kastells und einer Wasserleitung.

Aber auch kaum eine andere Region Deutschlands ist so reich an mittelalterlichen Burgen, Kirchen und Klöstern. Prächtige Kurfürstenresidenzen und stilvolle Adelspalais säumen ebenfalls die Ufer. Vor allem an der Terrassenmosel, zwischen Koblenz und Bernkastel-Kues, entdeckt man barocke Fachwerkarchitektur. Die schönsten noch erhaltenen Bauten dieser Art stehen u. a. in Enkirch, Kröv und Bernkastel.

Traben-Trarbach bietet Jugendstil vom Feinsten. Der preußische Architekt Bruno Möhring schuf in der nach Bordeaux einst wichtigsten europäischen Weinhandelsstadt elegante Villen und das wohl schönste Brückenportal der Region.

Heißer Schiefer, fruchtiger Wein

Zu den architektonischen Schätzen und landschaftlichen Reizen der Mosel kommt noch eine fast 2000 Jahre alte Weinkultur hinzu. Bereits die Römer pflanzten hier Reben. Wie in natürlichen Amphitheatern liegen die besten Rebparzellen an den steilen Hängen, immer optimal der Sonne ausgesetzt. Mehr als 65 % beträgt die Bodenneigung im Moselbogen bei Bremm – der dortige Calmont gilt als steilster Weinberg Europas.

Mit ihren Nebenflüssen Saar und Ruwer ist die Mosel das viertgrößte Weinbaugebiet Deutschlands – und noch immer das klassische Rieslinggebiet. Auf drei Viertel der gesamten Rebfläche wird diese Traube angebaut. Damit stellt das Moselland das weltweit größte geschlossene Anbaugebiet der Rieslingtraube dar. Ihre markante Fruchtsäure gibt dem Wein seinen charakteristischen Geschmack. Hinzu kommt der jeweilige Boden: An der Mittelmosel sorgt der Schiefer für »steinige« Aromen, die Weine der Terrassenmosel lassen die Früchte »auf der Zunge tanzen«, an der Obermosel gedeiht vorwiegend der spritzige Elbling. Saar und

Vor allem um des Weines willen reist man an die Mosel

Ruwer steuern prickelnde Eleganz und Würze bei. Das milde Moselklima begünstigt aber nicht nur den Weinbau. Obstbäume wachsen fast überall, in manchen Orten gedeihen sogar Orangen und Kiwis.

Illustre Bewohner und Besucher

Nicht nur die Namen römischer Herrscher wie Kaiser Augustus und Kaiser Konstantin sind mit dem Moselland verbunden. Auch der französische »Sonnenkönig« Ludwig XIV. hinterließ durch seinen Festungsbaumeister Vauban steinerne Spuren.

Von kleinen Moselorten hinaus in die Welt trugen der Humanist Nicolaus Cusanus und der Universalgelehrte Johannes Trithemius ihre Erkenntnisse. Beide nannten sich der Gepflogenheit der damaligen Zeit folgend nicht nach ihren Vätern, sondern nach ihrem Herkunftsort: Cusanus stammte aus Kues, Trithemius aus Trittenheim. Im frühen 19. Jh. machte der Trierer Karl Marx mit seiner Philosophie und dem »Kommunistischen Manifest« Furore.

Unter den Dichtern, die die Mosel besingen, ist der früheste der Römer Decimus Magnus Ausonius. Sein emphatisches Werk »Mosella« entstand bereits im 4. Jh. Weniger schwärmerisch als mit ironischen Worten gedachte Kurt Tucholsky seiner Moselausflüge – z. B. mit dem »Saufbähnchen von Trier nach Bullay hinunter« oder ans Koblenzer Kaiser-Wilhelm-Denkmal, welches, so schreibt der Autor, die »Ornament-Masern« habe. Auch die Trierer Autorin Clara Viebig stieß mit ihren kritischen, in der Mosel-Eifel-Region angesiedelten Romanen nicht unbedingt auf ein erfreutes Lesepublikum. Deutlich mehr Wohlwollen erzielten die teilweise autobiografischen Werke des aus der Nähe von Schweich stammenden Stefan Andres. Und natürlich heitere »Klassiker« wie Rudolf Bindings Novelle »Moselfahrt aus Liebeskummer« und Heinrich Spoerls »Wenn wir alle Engel wären«.

Nicht mit dem Notizblock, sondern mit dem Aquarellkasten reisten die englischen Romantiker an den längsten deutschen Nebenfluss von Vater Rhein. Der bekannteste unter ihnen: William Turner. Seine Moselansichten finden sich allerdings nur noch als Reproduktion in den Fremdenverkehrsprospekten – oder in der Londoner Tate Gallery.

Tourismus und Schifffahrt

Literaten und Künstler legten im frühen 20. Jh. den Grundstein zur touristischen Zukunft der Mosel. Einen weiteren wichtigen Schritt bedeutete die Schiffbarmachung des Flusses in den 50er und 60er Jahren. 14 Staustufen wurden dafür zwischen dem lothringischen Thionville und Koblenz errichtet, mehr als 800 000 t Beton verbaut. Seit diesem für die Natur durchaus drastischen Eingriff befahren nicht nur Lastkähne, sondern auch eine Vielzahl von Ausflugsdampfern die Mosel. Und es wurde ein breites Wassersportangebot möglich.

Obwohl Flussauen verschwanden und sich vor den Staustufen künstliche, warme Seen bildeten, wurde die Mosel nach ihrer Regulierung insgesamt ruhiger. Das Hochwasserproblem besteht jedoch nach wie vor. Dammprojekte existieren zwar in einigen Gemeinden, realisiert wurde bislang jedoch keines.

Die Sommermonate und die Zeit der Traubenlese gelten für den Fremdenverkehr als Hochsaison. In Scharen tummeln sich dann Radfahrer auf den vielerorts von Pappelalleen beschatteten Uferwegen und stetig ziehen Wanderer durch die Weinbergpfade. Von Oktober bis Ostern indes schalten Campingplatzbesitzer und Gastronomen in der Nähe des Flusses fast ausnahmslos auf Ruhebetrieb. Vorsorglich bringen sie meist sogar das gesamte Mobiliar an einen überschwemmungssicheren Ort.

Ganzjährig Saison haben hingegen die Wellness- und Kureinrichtungen beispielsweise in Bad Bertrich, Deutschlands einziger Glaubersalztherme, und in Traben-Trarbach, wo sich sogar gestresste Manager aus Übersee und Fernost nach dem Ayuverda-Prinzip entspannen. Der inzwischen für den internationalen Passagierverkehr ausgebaute Flughafen Hahn im nahen Hunsrück macht es möglich.

Die Mosel in Zahlen

Bevölkerung: Die Mosel-Saar-Region hat ca. 525 000 Einwohner; jeweils etwa zu gleichen Teilen verteilt auf die Städte Trier und Koblenz (100 000 bzw. 109 000 Einwohner) sowie die Landkreise Bernkastel-Wittlich und Trier-Saarburg. Der Landkreis Cochem-Zell mit ca. 65 000 Einwohnern ist der kleinste.

Flusslänge: Die Mosel misst insgesamt 545 km. 317 km verlaufen durch Frankreich, 36 km bilden die Staatsgrenze zwischen Luxemburg und Deutschland und auf 192 km durchquert der Fluss Rheinland-Pfalz. Das Gesamtgefälle beträgt 676 m.

Klima: Durch die geschützte Tallage erweist sich das Moselland als eine der mildesten Klimazonen der Bundesrepublik. Im Jahresdurchschnitt ist es hier 1–2 °C wärmer als im übrigen Deutschland. In den Weinbergen auf Höhe der Reben sogar ca. 4–5 °C.

Bestockte Rebfläche: Ca. 12 000 ha, davon 50 % in Steil- oder Terrassenlagen

Wirtschaft: Die Hauptwirtschaftszweige sind Weinbau, Weinhandel, Weinwirtschaft und Tourismus. Industrie und Gewerbe gibt es nur punktuell in Trier (Trierer Binnenhafen), Wittlich und Koblenz (Getränke, Aluminium, Papier).

Geschichte

Die Konstantinbasilika in Trier

um 500 v. Chr	Der keltische Stamm der Treverer lässt sich im Moselraum nieder.
55–53 v. Chr.	Caesars Truppen besetzen, von Gallien kommend, das Gebiet der Treverer. Sie unterwerfen diese und stoßen vor bis an den Rhein.
um 16 v. Chr.	Gründung der Stadt Trier (Augusta Treverorum) unter dem römischen Kaiser Augustus.
9–8 v. Chr.	An der Mündung der Mosel in den Rhein entsteht das Römerlager Apud Confluentes, aus dem sich später die Stadt Koblenz entwickelt.
1. Jh. n. Chr.	Die Römer führen den Weinbau im Moseltal ein.
70. n. Chr.	Treverer und Germanen erheben sich gegen die Römer. Ihr Aufstand wird Rigodolum (Riol) an der Mosel niedergeschlagen.
um 180	Die Porta Nigra in Trier wird erbaut.
3. Jh.	Die Moselregion wird christianisiert; Trier wird erster Bischofssitz.
275	Alemannen und Franken dringen in das Gebiet der Mosel ein und zerstören Trier. Die Römer bauen die Stadt wieder auf.
285	Trier wird Hauptstadt des westlichen Römischen Reichs.
395	Die Kaiserresidenz der Römer wird nach Mailand verlegt; damit endet die römische Glanzzeit Triers und des Moselraumes.
5. Jh.	Trier erlebt mehrere Zerstörungen. Ende des 5. Jh. gewinnen die Franken endgültig die Oberhand über das Moselgebiet.
um 870	Nach der Teilung des Karolingerreichs wird das Moselland Teil des Ostfränkischen Reichs.

882	Zerstörung Triers durch die Normannen.
10.–12. Jh.	Trier wird wieder aufgebaut und erblüht mit dem neuen Dom zu einer wichtigen christlichen Stätte.
1307–1354	Unter dem Erzbischof Kurfürst Balduin von Luxemburg erlebt der Trierer Kurstaat seine größte Ausdehnung und Blütezeit.
1618–1648	Der Dreißigjährige Krieg verwüstet auch das Moselland.
1687–1689	Während der Réunionskriege Ludwigs XIV. zerstören seine Truppen das Moselland.
1784	Die Mosel erlebt eine Hochwasserkatastrophe.
1794	Französische Truppen erobern das Trierer Kurfürstentum.
1801	Das gesamte linksrheinische Gebiet wird französisch.
1815	Wiener Kongress: Das Moselland wird preußisch.
1839/1879	Das erste Dampfschiff verkehrt auf der Mosel; Anschluss des Moseltals an das Eisenbahnnetz
1892–1903	Weinbau- und Handel an der Mosel erleben ihre erste Blütezeit.
1918–1930	Nach dem Ersten Weltkrieg steht das Moseltal unter amerikanischer Besatzung (bis 1923), dann unter französischer.
1946	Das Moselland wird dem neu gegründeten Bundesland Rheinland-Pfalz zugeordnet.
1957–1964	Ausbau der Mosel als Großschifffahrtsweg vom lothringischen Thionville bis Koblenz.
1970	Neugründung der Universität Trier
1993/1994, 1998/1999	Hochwasserkatastrophen an der Mosel
2000/2001	Der Flughafen Hahn beschert auch der Mosel neue Touristen.
2003	Jahrhundert-Rekord: Am 8. August klettert in Perl-Nennig das Thermometer auf 40,5 °C. Die sommerliche Trockenheit sorgt zwar für Ernteeinbußen bei den Trauben, die hohe Sonneneinstrahlung erhöht jedoch die Qualität des 2003er-Weines.

Die Fähre nach Beilstein

Gut zu wissen

Dengeln

Bezeichnung für das Läuten der Kirchturm-Glocken von Hand. Dabei werden die Glocken in melodischer Folge und wechselndem Rhythmus durch Ziehen des Klöppels von Hand angeschlagen.

In Bruttig-Fankel ist diese Tradition noch lebendig. Drei Glocken werden dort »gedengelt«. Die größte, »St. Margaretha«, schwingt mittels Motor und gibt den Takt vor. Nur der Klöppel wird mit der Hand, entsprechend dem Takt, abgestoppt. Die beiden anderen Glocken hängen still, während der Klöppel von Hand geschlagen wird.

Seit jeher gehört es zu den Aufgaben der Dengler, bei ihrem »hautnahen« Kontakt zu den Glocken auf eventuelle Schäden am Turm, Glockenstuhl oder Läutwerk zu achten und mit dafür Sorge zu tragen, dass solche möglichst schnell behoben werden. Aktiv sind die Dengler nur noch an kirchlichen Hochfesten wie Weihnachten, Ostern, Weißer Sonntag, Pfingsten und Fronleichnam – sowie zur Kirmes. Zur Bruttiger Kirmes, am Fest der Heiligen Margaretha, wird gleich an vier Tagen gedengelt. Besonders hörenswert ist dabei der Montag, wenn ab 11 Uhr eine Stunde lang, im Wechsel mit der Musik von der Blaskapelle, die Kirchturm-Glocken von Hand geläutet werden. Anschließend findet dann der so genannte »Denglerumzug« statt. An verschiedenen Stationen wird Rast gemacht und die Gönner dieses Brauches bewirten die Dengler mit Speis und Trank für die im Jahr geleistete Arbeit. Den Abschluss des Tages bildet dann der Denglertanz und das Denglerlied im Festzelt.

Ermäßigungen und Rabatte

Besucher der Stadt Trier können bei der Tourist-Info die TrierCard kaufen. Sie berechtigt zur freien Fahrt auf allen Stadtbuslinien und zum freien Eintritt in die Spielbank. Außerdem kosten mit ihr Einzeltickets für die Römerbauten nur die Hälfte. Jeweils 25 % Nachlass gibt es auf geführte Stadtrundgänge/-fahrten, Touren mit dem Römerexpress und dem City-Tour-Bus, beim Fahrradverleih der TINA. e.V. am Hauptbahnhof, beim Eintritt in die Trierer Freibäder und bei den Aufführungen der Trierer Theater. Auch eine kostenlose Teeprobe und ein Bastelset erhält man bei Vorlage der Card in den entsprechenden Geschäften. Die TrierCard ist 3 Tage gültig und kostet 9 €, als Familienkarte (2 Erwachsene + Kinder) 15 €.

Mit der Luxembourg Card (gültig vom 19. April bis Ende Oktober, erhältlich bei der Tourist-Info) kann man kostenlos die öffentlichen Transportmittel im Großherzogtum nutzen und erhält gratis Eintritt zu 48 touristischen Sehenswürdigkeiten. Kosten: für 1 Pers./ Tag 9 €, 2–5 Personen 18 €. Für 2 Tage: 1 Person 16 €, 2–5 Personen 32 €.

Fähren

Auto- und Personenfähren verkehren fast ausnahmslos nur zwischen Mai und Oktober; an den Wochentagen meist schon ab 7.30 Uhr. Samstag und Sonntag beginnt der Fährbetrieb oft eine halbe bis eine Stunde später. Zwischen 12 und 13 Uhr halten viele Fährleute Mittagspause, dann heißt es warten. Die letzte Möglichkeit zum Übersetzen besteht meist um 18 bzw. 18.30 Uhr, am Wochenende um 16 bzw. 16.30 Uhr. Nicht alle Fähren verkehren täglich, die genauen Zeiten lassen sich am besten bei den jeweiligen Fremdenverkehrsämtern erfragen.

Gefahr im Gestein

Die Mosel-Steilhänge aus Schiefer oder Sandstein sind ein äußerst poröses, schnell abbrechendes Terrain, das sich keinesfalls für Kletterübungen eignet Daher gilt: Ge- und Verbote niemals ignorieren. Ein Spaziergang oder eine Wanderung auf den ausgewiesenen Pfaden und Wegen ist an den Moselhängen die angemessene Form, die Natur zu erleben. Wer unbedingt alpines Bergfeeling will, kann sich an dem Calmont-Klettersteig in Bremm versuchen (Infos: Fremdenverkehrsämter Bremm und Enkirch). Trittsicherheit, Schwindelfreiheit und festes Schuhwerk sind hier aber unbedingt vonnöten, denn der Pfad ist sehr schmal, ungesichert, aus lockerem Schieferbruch geschichtet und erfordert an mehreren Stellen das Erklettern von Leitern. Auch in Igel gibt es Klettermöglichkeiten – allerdings nur mit Erlaubnis des Deutschen Alpenvereins (Sektion Trier e.V., Tel. 06 51/ 495 71, www.alpenverein-trier.de).

Gegenwind

Radfahrer, die eine Tour durch das Moseltal planen, sollten sich unbedingt vorher informieren, wie das Wetter wird. Denn wenn Südwestwinde angesagt sind und der Streckenverlauf moselaufwärts geplant ist, kann es einem ordentlich entgegenblasen, so dass die vermeintlich einfache Fahrt zu einem heftigen Kampf mit den Lüften wird.

Hochwasser

Besonders im Frühjahr, aber auch im Winter besteht an der Mosel immer wieder Hochwassergefahr. Ufernahe (Bundes-)Straßen können dann durchaus gesperrt sein. Wer einen Ausflug etwa zu den Weihnachtsmärkten in den Moselorten plant, sollte sich vorher über den Pegelstand des Flusses informieren. Auskunft gibt das Hochwassermeldezentrum Mosel in Trier (auch zuständig für Saar und Sauer) unter www.hochwasser-rlp.de.

Kegelclubs und -touren

Mosel und Saar sind beliebte Ziele für Kegelclubs bzw. -touren. Zahlreiche Hotels und Restaurants verfügen über eigene Kegelbahnen. Wer als Individualreisender auf Ruhe aus ist und sich eher gestört fühlt von meist nicht gerade leiser Gruppenfröhlichkeit, sollte bei der Buchung seiner Unterkunft bzw. der Restaurant-Wahl unbedingt sicherstellen, dass während der Zeit seines Aufenthaltes kein Kegelclub eingebucht ist. Vor allem zu den Weinfesten ist der Andrang der Kegelbrüder und -schwestern groß.

Ökowinzer

Derzeit gehören rund 30 Winzer an der Mosel dem Bundesverband Ökologischer Weinbau, Ecovin, an. Sie verteilen sich vor allem im Bereich Obermosel-

Saar und an der Mittelmosel um Traben-Trarbach. Meist sind es eher kleinere Betriebe, die zwischen einem und vier Hektar Rebfläche ökologisch bewirtschaften. Hauptsorte ist der Riesling, gefolgt vom Müller-Thurgau, an der Obermosel ist auch der Elbling stark vertreten. Der Rotweinanbau verbreitet sich immer mehr, dabei handelt es sich fast ausschließlich um Spätburgunder. Zwölf Betriebe erzeugen gemeinsam Sekt. Ebenfalls in Gemeinschaftsaktion entstehen feine Brände, nachdem sich eines der Mitglieder auf die Brenntechnik spezialisiert hat.

Der Bundesverband Ökologischer Weinbau wurde 1985 ins Leben gerufen; bundesweit umfasst er ca. 200 Mitgliedsbetriebe. Die Reben der Öko-Winzer erhalten ihre Nährstoffe ausschließlich über die Aktivierung des Bodens. Die Gesundheit der Rebstöcke und Trauben ist nicht das Ergebnis diverser Pflanzenschutzmittel, sondern ist der gezielten Förderung der Widerstandskräfte der Pflanzen zu verdanken. Kontrolliert wird mindestens einmal im Jahr der strikte Verzicht auf konventionelle chemische Pflanzenschutzmittel und auf leicht lösliche Mineraldünger ebenso wie die Kellerwirtschaft.

Ecovin-Betriebe liegen u.a. in Pünderich (Rita und Clemens Busch), in Zell (Weingut Cuy), in Kinheim (Rudolf Trossen), in Bremm (Weingut Laurentiushof) und in Reil (Thorsten Melsheimer). Das Weingut Steffen-Keß in Reil stellt neben seinen Rieslingweinen und -sekten auch Essigspezialitäten her.

Infos erteilt:
Bundesverband Ökologischer Weinbau, Wormser Str. 162,
55276 Oppenheim,
Tel. 061 33/16 40, Fax 061 33/16 09,
ecovin@t-online.de, www.ecovin.de

Parken

Die historischen Moselörtchen sind nicht für den modernen Verkehr konzipiert. Selbst die Hauptstraße ist oft nur eine schmale Gasse, an deren Rändern kaum Platz ist für einen Gehweg, geschweige denn für Parkbuchten. Es empfiehlt sich daher unbedingt, sein Auto auf den meist vor den Ortschaften oder am Moselufer angelegten großen Parkplätzen stehen zu lassen und einfach ins Zentrum zu bummeln.

Reisekasse und Preise

Saisonpreise für Zimmer oder Appartements gibt es an der Mosel in der Regel nicht; bei einem Aufenthalt von mehreren Tagen wird aber meist ein kleiner Rabatt gewährt. Bei den Hotels sieht es etwas anders aus; sie schlagen vor allem im September und Oktober auf. Andererseits locken sie oft von Frühling bis Herbst mit Schnuppertagen, Wochenpauschalen und anderen Arrangements (z.B. über die Osterferien), die den Aufenthalt meist deutlich günstiger machen, als bei Einzelbuchung der Übernachtungen. Oft lautet die Regel dabei zahle drei, bleibe vier Nächte (bzw. sechs und sieben). Auch Zusatzleistungen wie Busausflüge, freie Eintritte etc. sind mitunter in den Pauschalen enthalten.

Günstiger als bei der Individual-Buchung fährt man meist auch bei den Pauschalen, die die Fremdenverkehrsämter der Moselorte oder -regionen auflegen. Bei den großen Ferienparks gibt es Last-Minute-Preise. Bis zu 40 % des Katalogpreises lassen sich bei diesen Offerten sparen. Kinder bis 14 Jahre erhalten in vielen Unterkunftsbetrieben einen Rabatt von 50 %.

Für ein Leihfahrrad muss man zwischen 7,50 und 9 € pro Tag rechnen; bei einer Wochenanmietung wird es meist deutlich billiger. Dreiräder für Erwachsene und Fun-Bikes (für 4 Personen) kosten 4 bzw. 6 € pro Stunde.

Reisezeit

In den Sommermonaten und zur Zeit der Traubenlese, wenn sich das Reblaub goldrot färbt und überall Weinfeste gefeiert werden, hat die Mosel Hochsaison. Von Oktober bis Ostern schließen viele flussnahe Betriebe und Campingplätze wegen drohender Hochwassergefahr.

Römische Münzen

Noch immer findet man heute an der Mosel Münzen aus der Römerzeit. Vor allem in den Orten um Trier werden sie häufig zum Kauf angeboten. Um nicht irgendwelchen Fantasiepreisen für diese antiken Kupfer- oder Silberstücke aufzusitzen, informiert man sich am besten vorher bei Sparkassen oder Banken über ihren Wert – oder kauft diese Mitbringsel gleich bei den Finanzinstituten.

Schleusen-Wartezeiten

Wenn im Sommer Hochbetrieb herrscht auf der Mosel und eine Vielzahl von Ausflugsschiffen verkehrt, kann es an den Schleusen zu längeren Wartezeiten kommen. Freizeitkapitäne, die mit dem eigenen Boot (oder mit einem gemieteten) unterwegs sind, sollten dies bei ihrer Streckenplanung unbedingt berücksichtigen.

Moselschleusen

Fast alle Moselschleusen haben einen Besucherbereich mit Blick auf die Unterschleuse, wo man den Schleusenvorgang beobachten kann.

Straußwirtschaft

Der Brauch der Straußwirtschaften geht zurück auf Karl den Großen. Denn erst der Kaiser lockerte das strenge Gesetz, das es den Weinbauern untersagte, ihren Rebensaft direkt auszuschenken und erlaubte ihnen, dies an 100 Tagen im Jahr zu tun. Äußeres Zeichen für die Schankerlaubnis war ein bunter Strauß, der an der Tür hing. Er verwandelte sich im Laufe der Zeit in einen Reisigbesen, der mit bunten Bändern geschmückt wird. Ein echter Straußwirt darf nicht einfach vor seinem Haus oder in seiner Hofeinfahrt bzw. im Keller oder Kelterhaus ein paar Bänke aufstellen und Wein ausschenken. Er muss sich vielmehr einem strengen Reglement beugen: Seine Probierstube darf maximal 40 Plätze umfassen und nicht länger als vier Monate im Jahr geöffnet sein. Zum frischen Rebensaft aus eigenem Anbau darf er nur deftige, am besten hausgemachte Kleinigkeiten servieren, keine ausgefeilten Gerichte oder gar Menüs. **Straußwirtschaftspass:** 51 Straußwirtschaften von Koblenz bis Palzem haben sich zusammengetan und gaben 2003 erstmals einen gemeinsamen Straußwirtschaftspass heraus. Darin sind die beteiligten Mitgliedsbetriebe mit ihren individuellen Angeboten aufgelistet. Besuchen die Gäste acht dieser Wirtschaften und lassen dies im Pass bestätigen, überreicht das achte Weingut eine Flasche Wein. Zusätzlich nimmt der ausgefüllte Pass an einer Verlosung teil, bei der freie Übernachtungen, Verzehrgutscheine, Weinpräsente u. a. gewonnen werden können. Weitere Infos: www.mosel-strausswirtschaften.de.

Strömungen

Die lieblich anmutende Mosel birgt durchaus auch Gefahren. Streckenwei-

Die Marienburg über Pünderich – Hier wie in anderen Weinlagen sind Weintrauben pflückende Touristen nicht gern gesehen

se treten in ihrem Flussbett gefährliche Strudel und Strömungen auf; außerdem herrscht reger Schiffsverkehr. Schwimmer, Wasserskiläufer und Paddler bzw. Kanuten sollten daher besonders vor- und umsichtig sein. Gleiches gilt für Motorbootfahrer. Alle Anweisungen und Ver- bzw. Gebotsschilder sind unbedingt zu befolgen.

Weinberge respektieren

Rebgemarkungen sind in der Regel privates Terrain. Entsprechend rücksichtsvolles Verhalten ist bei Wanderungen oder Radtouren geboten. Alle Winzer hegen und pflegen ihre Trauben mit großer Sorgfalt; wahlloses Pflücken der Rebstände kann für sie große Schäden bedeuten. Bei herbstlichen Ausflügen sollte man darauf gefasst sein, dass Weinberge (z. B. der Calmont in Bremm und andere Steillagen) während der Lese für Touristen gesperrt sind.

WeinErlebnisBegleiter

Rund 30 IHK-zertifizierte WeinErlebnis-Begleiter bieten seit einiger Zeit im Raum Mosel-Saar-Ruwer ihre Dienste an. Die speziell ausgebildeten Gästeführer verfügen über intensive Kenntnisse in den Bereichen Weinbau, Landeskunde und Weinsensorik.

Die Touren-Palette der besonders geschulten Guides ist breit gefächert. Sie führen z. B. zu den prähistorischen Korallenbänken in den Terrassenlagen an der Untermosel, auf denen beste Rieslingweine gedeihen oder bieten Gelegenheit, seltene Tiere wie den Apollofalter zu entdecken. Eine brasilianische Winzerin spürt mit ihren Gästen den Spuren der alten Römer nach; sportliche Urlauber können mit einem WeinErlebnisBegleiter offroad auf die Jagd nach der Mosel-Trophy gehen. Nähere Infos unter www.weinerlebnisbegleiter.de.

Weinkauf

Das schönste Mitbringsel eines Mosellandurlaubs ist sicher ein Kistchen Wein – oder auch zwei. Natürlich sollte man sich vorher ein wenig durch das Angebot probieren. Bei den meisten Winzern ist das kostenlos möglich, einige verlangen aber auch einen kleinen Obolus. Dafür führen sie Interessenten dann

auch meist in ihre historischen Kellergewölbe und erzählen ausführlich über ihren Wein.

In der Vinothek von Bernkastel-Kues sind rund 130 Moselweinbauern vertreten – für eine Pauschale kann man jeweils mindestens einen ihrer Tropfen kosten. Fast alle Moselwinzer bieten trockene, halbtrockene und liebliche Weine an; manche zusätzlich Sekt (in der Regel handgerüttelt) sowie Hefeschnaps, Trester- und Trauben- bzw. Weinbrand und spezielle Liköre aus Rieslingtrauben oder Weinbergpfirsichen.

Generell gilt: Qualität hat ihren Preis. Gute Weine (Qualitätsweine) kosten ab Keller zwischen 2,50 und 6 €. Hochgewächse, Prädikatsweine und Kabinett zwischen 4 und 6 €. Für Spätlesen muss man mit mindestens 6 € rechnen, Auslesen gibt es ab etwa 7,50 € aufwärts.

Viele Winzer verschicken ihren Wein ab einer bestimmten Mindestabnahmemenge auch kostenlos oder zu günstigen Konditionen. Auf den Winzerfesten werden an den Probierständen meist auch Flaschenweine zum Kauf angeboten – allerdings zahlt man hier im Vergleich zum Kellerpreis etwas mehr.

Feste & Unterhaltung

Säubrennerkirmes in Wittlich

Feste & Festivals

Kein Monat verstreicht im Moselland, ohne dass etwas gefeiert wird. Bereits im Januar beginnt der Festreigen und er dauert bis in die Vorweihnachtszeit. Die Spanne der Veranstaltungen reicht von hochkarätigen Konzerten, Theater-, Oper- und Operettendarbietungen über kulinarische Ereignisse und internationale Trachtentreffen bis hin zu Winzer- und Kelterfesten, Straßen- und Jahrmarktspektakeln. In einer Rebenregion wie der Mosel (und der Saar) bietet natürlich der Wein das ganze Jahr über Anlass für fröhliche Feste. Gefeiert werden die Rebenblüte, die Traubenlese, der neue und der junge Wein, der Riesling, der Sekt, der Trester …

Mosel-Festwochen

Zeitlich hat das internationale Musikfestival abgespeckt; dafür hat es sich vom Geheimtipp längst zur weit über die Grenze des Landes Rheinland-Pfalz hinaus bekannten Einrichtung entwickelt. Die Moselfestwochen finden nun alljährlich von **Ende Mai bis Anfang Oktober** statt. Sie sind das Glanzlicht des rheinland-pfälzischen Kultursommers und nehmen auch im moselländischen Veranstaltungsreigen eine besondere Stellung ein. Exzellente Künstler aus aller Welt musizieren an historisch bedeutenden Stätten, etwa im Kloster Machern mit seinem herrlichen Barocksaal, aber auch in Kirchen, Winzerhöfen, Kellern und Burgen zwischen Trier und Cochem. Picknick- und Wandelkonzerte sowie Darbietungen auf einer Flussbühne gehören ebenfalls zum Programm. Etwa zwei Dutzend Orte zwischen Saarburg und Treis-Karden, Daun in der Eifel und Hunoldstein im Hunsrück werden bespielt. Das musikalische Repertoire reicht von Klassik über Gospel, Jazz, Soul und Tango bis hin zu Rock und Chanson. Solisten treten ebenso auf wie kammermusikalische Formationen und Chöre. Der Klezmer-Star Giora Feidman gastierte bereits, ebenso die berühmten Chantres Musiciens du Canada, das Asian Youth Orchestra, die Berliner Philharmoniker, Ute Lemper oder die Bläck Fööss. Spezielle Pauschalangebote zu ausgewählten Veranstaltungen bieten neben dem Konzertgenuss ein kulturelles und kulinarisches Rahmenprogramm.
(www.moselfestwochen.de)

Happy Mosel

Unter diesem Motto wurde 1993 der **erste Sonntag nach Pfingsten** zum autofreien Erlebnistag im Moselland erklärt. Im Mittelpunkt steht die an diesem Tag für Pkws komplett gesperrte Moselweinstraße auf fast 150 km Länge, links und rechts der Mosel, von Schweich bis Cochem. Die längste Straßensperre Europas dauert von 9 bis 19 Uhr. Radfahrer und Wanderer kommen dann in den Genuss, die herrliche Landschaft stress- und lärmfrei zu genießen. In allen Städten und Orten warten lukullische und kulturelle Höhepunkte auf Besucher. Entlang der Moselweinstraße an Ständen, in Gasthäusern, Kellern und Winzerhöfen gibt es Wein, Sekt und die kulinarischen Spezialitäten der Region. Für ein buntes Kulturprogramm sorgen Konzerte, Folklore- und Trachtengruppen, Tage der offenen Tür in Museen, Klöstern und Kirchen sowie spielerische Aktionen für Groß und Klein. **(www.happy-mosel.com)**

Landesgartenschau Trier

Vom **22. April bis 24. Oktober 2004** lädt das »Rom des Nordens« ein zur ersten Kulturgartenschau Deutschlands. Auf dem weitläufigen Gelände des Petriberges erwartet die Besucher eine vielfältige Begegnung mit Kunst und Natur. Die vier Elemente Feuer, Wasser, Erde und Luft bilden das Kernthema der Schau. Jedes von ihnen wird sechs Wochen lang präsentiert. Auf der Vernissage und Finissage sind alle vier Elemente gemeinsam vertreten.

Auch floral wollen die Landschaftsarchitekten das Quartett anschaulich machen. Im »Garten der Regionen« spiegelt sich die Vielfalt der Trierer Umgebung; über die Themengärten lernt man die Partnerstädte von Deutschlands ältester Stadt kennen. Kinder finden Naturspielplätze und eine römische Spielstadt auf dem Gelände. Vom »Turm der Sehnsüchte« reicht der Blick bis hinüber ins benachbarte Luxemburg.
(www.landesgartenschau-trier.de)

Antikenfestspiele in Trier

Alljährlich im **Juni und Juli** bilden die antiken Bauwerke Triers eine eindrucksvolle Kulisse für Theater- und Musikfestspiele. In der einmaligen römischen Architektur z. B. des Amphitheaters, vor allem aber der Kaiserthermen, werden seit 1998 antike und mythologische Stoffe zeitgenössisch inszeniert. Opern und Tragödien stehen dabei ebenso auf dem Programm wie Komödien. Neben antiken Dichtern wie Aischylos kommen auch Künstler wie Shakespeare, Richard Wagner und Jacques Offenbach zur Aufführung. Oder Woody Allen – mit seiner Komödie »God« . Zu den Interpreten zählen neben den Akteuren des Theaters und der Oper Trier häufig auch Gäste aus dem benachbarten Luxemburg, aus Belgien, Frankreich und den Niederlanden. Die renommierte Sopranistin Anja Silja wirkte ebenfalls schon bei den Antiken-Festspielen mit. Lesungen und Auftritte berühmter Schauspieler – Peter Ustinov etwa oder Hanna Schygulla –, wissenschaftliche Symposien sowie kulinarische Erlebnisse wie die Antikenweinprobe mit römischem Mahl runden das Angebot ab. Für Kinder wird im Rahmen der Antikenfestspiele traditionell eine eigene Oper angeboten; 2003 war es »Eine Braut für Herkules« nach Christoph Willibald Gluck.
(Nächster Termin: 25. Juni–18. Juli 2004, **www.antikenfestspiele.de)**

Wein & Gourmet-Festival

Mit mehr als 80 Veranstaltungen verwandelt das 1999 ins Leben gerufene Wein & Gourmet-Festival jedes Frühjahr die Mosel von Trier bis Koblenz in ein Paradies der Genüsse. Seit 2003 schmückt es sich im Titel mit dem Zusatz International, denn inzwischen sind auch luxemburgische Veranstalter

Einmal im Jahr Burgfräulein ...

bei diesem Projekt mit von der Partie. Das Festival wurde auch verlängert; es dauert nun von **Ende April bis Ende Mai.** Sein Herzstück ist nach wie vor die Große Weinpräsentation, bei der annähernd 400 Spitzenweine offeriert werden. Darüber hinaus gibt es historische Kellerführungen, literarisch-vinologische »Beerenauslesen« oder Offerten wie »Zirkus rund um die Tischkultur«, bei dem junge Weine und artistische Finger Food-Spezialitäten kombiniert werden. Im Rahmen von »Schäumendes Rokoko« präsentiert sich die Sektelite der Mosel und renommierte Köche servieren Köstlichkeiten für den Gaumen. Zudem umfasst das Programm Wein-Gala- und Themenabende sowie Raritätenproben. Einzelne Gastronomiebetriebe servieren exquisite Menüs, es werden Wein-Sensorik-Seminare angeboten und der Nachwuchs auf einen »Geschmacksparcours« geschickt. Und zum Abschluss des Gourmet-Marathons steigt in Trier die Rhythm'n'Wine-Fete der Jungwinzer.
(Nächster Termin 16. April–16. Mai 2004, **www.wein-festival.de)**

Internationales Trachtentreffen in Kröv

Alljährlich **im Sommer** reisen Dutzende von Trachtenensembles und Musikkapellen aus ganz Europa zum Internationalen Trachtentreffen nach Kröv. Sie konzertieren, singen und tanzen dann sowohl auf der Hauptstraße des Ortes als auch auf einer schwimmenden Moselbühne. Außerdem gibt es einen großen Trachtenfestzug und bengalischen Lichterzauber.

Feiertage

1. Januar (Neujahr)
Karfreitag
Ostermontag
1. Mai (Tag der Arbeit)
Christi Himmelfahrt
Pfingstmontag
Fronleichnam
3. Oktober
(Tag der deutschen Einheit)
1. November (Allerheiligen)
25./26. Dezember
(1./2. Weihnachtsfeiertag)
23. Juni
(Nationalfeiertag in Luxemburg)

Unterwegs mit Kindern

Familienfreundliche Unterkünfte

Das Moselland eignet sich recht gut für Familienurlaub. Denn ein Großteil des Unterkunftsangebots in der Region machen die Ferienwohnungen aus. Bei entsprechender Quadratmeterzahl lassen sich in ihnen problemlos ein paar Tage mit Kindern jeglichen Alters verbringen. Manche dieser Unterkünfte halten sogar Kinderbett und Babyphon bereit und bieten einen Spielplatz vor der Haustür. Die gewachsene Infrastruktur der Moselorte garantiert in der Regel auch, dass man Windeln, Babynahrung etc. vor Ort kaufen kann.

Eine echte Alternative zu den Privatunterkünften sind die beiden Landal Green Parks in Leiwen und Kröv. Verschiedene Bungalowtypen stehen hier zur Wahl. Zu ihrer Standardausstattung gehören Kinderbett, Kinderhochstuhl sowie eine Spielesammlung. Das Freizeitangebot ist groß, es reicht vom Hallenbad über den Minigolfplatz bis hin zum Streichelzoo. Die Anlage »Landal Sonnenberg« in Leiwen hat inzwischen sogar in der ehemaligen Tennishalle eine »Spielestadt« eingerichtet. Sie ist auch für Gäste von außerhalb kostenlos zugänglich – mit Ausnahme der Kletterwand.

Unternehmungen für Kids

Dampfer fahren oder selbst im Kanu paddeln, über Riesenrutschen in die Fluten eines Erlebnisbades sausen, mit einer Nostalgiebahn (»Feuriger Elias«, s. S. 72) oder im Pferdewagen durch die Landschaft zockeln, uralte Ritterburgen erkunden (s. S. 42), zuschauen, wie Senf gemacht wird (s. S. 49), Indoor-Kart fahren (s. S. 94) – das Moselland bietet auch für Kinder eine Menge Abwechslung und Spaß.

In Saarburg (s. S. 71) wartet beispielsweise eine Sommerrodelbahn, in Schweich (s. S. 75) eine historische Wassermühle. In Palzem können Groß und Klein das Bulldogmuseum mit Traktoren und anderen Landmaschinen besuchen. In Trier (s. S. 83) und Traben-Trarbach (s. S. 77) gibt es ein Spielzeugmuseum, in der Hunsrückgemeinde Moorbach, die nur knapp 20 km entfernt ist, ein Telefon- und ein Holzmuseum. Das Freilichtmuseum Roscheider Hof in Konz (s. S. 91) lädt mindestens einmal im Jahr zu einem speziellen Kindertag ein. Und auf der Reichsburg in Cochem (s. S. 48) wird zwischen April und Oktober jeden Donnerstag eine Geisterführung mit Räuberessen angeboten.

Von Trier aus ist es nicht weit zum Eifelpark Gondorf, zu dessen Attraktionen neben zahlreichen Tieren auch Shows und Vergnügungsgeräte zählen. Und in Luxemburg-Stadt (s. S. 100) können die Kleinen mit ihren Eltern auf Detektiv-Tour gehen – am Schluss gibt's sogar ein Diplom.

Broschüre

In der Broschüre »Kinderspaß im Moselland« hat die Mosellandtouristik (s. S. 34) eine Fülle von Entdeckungsmöglichkeiten und Aktivitäten für Kids zusammengestellt – inklusive Kontaktadressen.

Übernachten

Noble Bleibe:
Schloss Berg bei Nennig

Rund 50 000 Gästebetten stehen im Gebiet Mosel-Saar-Ruwer zur Verfügung. Dabei ist die gesamte Palette von Unterkunftsarten vertreten, vom Luxushotel über Bungalow-Parks und Appartements bis zum Privatzimmer und Campingplatz. Sogar in Schlössern und Burgen kann man wohnen. Ferienwohnungen und -häuser erfreuen sich großer Beliebtheit und sind im Sommer oft ausgebucht. In den Ferienanlagen sind vor allem Familien mit Kindern gut aufgehoben, da die meisten mit einem großen Freizeitangebot für Klein und Groß aufwarten. Das Preisniveau für Unterkünfte liegt – mit Ausnahme der größeren Städte – im mittleren Bereich; zahlreiche Hotels bieten regelmäßig günstige Wochen- oder Wochenend-Pauschalen (s. auch S. 16) oder Themenarrangements an.

Urlaubsorte im Überblick

Trier, Koblenz und Luxemburg-Stadt garantieren als Stand- oder Ausgangsorte für eine Moseltour Animation und kulturelle Vielfalt, eine breite Hotelauswahl und gute Verkehrsanbindungen. Ansonsten herrscht eher Ruhe und Beschaulichkeit vor an den Ufern des Flusses. Beliebte und daher belebte Tagesziele sind Cochem, Traben-Trarbach und Bernkastel-Kues; aber von abendlichem oder nächtlichem Highlife kann man auch in diesen Orten nicht sprechen. Alle drei bieten sich als Standort für Rundtouren an, für Ausflüge in die Eifel oder in den Hunsrück. Radler und Wanderer finden hier einfache bis komfortable Unterkünfte. Bei Kröv, Leiwen, Saarburg und Gunderath in der Eifel, unweit der Terrassenmosel, existieren große Bungalowsiedlungen für Urlauber mit zahlreichen Sport- und Freizeiteinrichtungen, Restaurants und Shops. Vor allem die Anlagen in Kröv und Leiwen sind diesbezüglich sehr gut ausgestattet und bieten auch für Kinder eine breite Palette von Möglichkeiten.

Hotels

Fünf Sterne funkeln nur wenige Male über dem Moselland; an zwei Händen hat man die First-Class-Hotels (4 Sterne) abgezählt. Das Gros der Betten bieten Häuser der Mittelklasse und der Ein- bis Zwei-Sterne-Kategorie. Letztere wurden oft schon in den 1960er oder 1970er Jahren eröffnet, und die Besitzer haben versucht, sie der Zeit anzupassen, nicht immer freilich mit Erfolg. So gibt es dort noch immer düster-rustikales Mobiliar und Zimmer mit fließend Wasser. An der Mosel lebt auch noch das Hotel Garni fort. So manche Pension ist diesen Häusern mittlerweile an Zimmerzahl und Ausstattung überlegen. In der gehobeneren Hotelkategorie wurde und wird zunehmend auf dem Sektor Beauty und Wellness investiert.

Pensionen

Gästehaus nennen sich inzwischen vielerorts die Pensionen und schmücken sich ebenfalls mit Sternen. Fünf bis zehn Zimmer sind die Regel. Auch so manches Gasthaus bietet über der Wirtsstube oder im Anbau Übernachtungsmöglichkeiten an. Die Ausstattung ist hier in der Regel einfach, das Raumangebot klein. Für eine Nacht ist man hier jedoch recht preisgünstig aufgehoben.

Ferienwohnungen

In fast allen Moselorten vermieten Privatleute im eigenen Haus oder kleineren, separaten Bauten Ferienwohnungen. Mitunter werden auch komplette Ferienhäuser angeboten. Ein Großteil von ihnen hat – wie die Hotels – an der freiwilligen Klassifizierung teilgenommen und schmückt sich nun auch mit Sternen. Maximal vier werden in der Privatzimmerkategorie allerdings nur vergeben. Ein Rückschluss auf die Ausstattung ist durch die Klassifizierung allerdings nicht zwingend gegeben.

Die Spanne reicht wie bei den Pensionen und einfachen Hotels vom gutbürgerlich-ältlichen Appartement mit Wohnzimmer und Schlafzimmer bis hin zum neuen 120 m^2-Haus mit Kamin, Galerie und offenem Gebälk. Preislich liegen diese Unterkünfte in der Regel ungefähr auf gleichem Niveau wie ein einfaches Doppelzimmer in einer Pension, oft sogar darunter. Großzügige Wohnfläche, moderner Komfort und Lage schlagen aber selbstverständlich auch hier zu Buche.

Winzer- und Bauernhöfe

Fünf landwirtschaftliche Betriebe und mehr als 170 Winzer vermieten an der Mosel und an der Saar Unterkünfte. Sie haben sich alle freiwillig prüfen und zertifizieren lassen und stellen dies nun mit ein bis fünf Sternen dar. Meist haben sie mehrere Ferienwohnungen auf ihrem Gelände geschaffen; einige bieten auch ganze Häuser an und Camping/Wohnmobilstellplätze. Auf einigen Höfen besteht Reitmöglichkeit, andere wirtschaften ökologisch. Einige Bauern brennen selbst Schnaps und bieten Mithilfe auf dem Hof. Einen ersten Überblick über das Angebot erhält man unter www.naturlaub-rlp.de.

Camping

Wer seine eigene Zeltplane oder das Caravan-Dach über dem Kopf gemauerten Behausungen vorzieht, hat die Wahl zwischen ca. 50 Campingplätzen. Vor allem zwischen Koblenz und Trier sind sie dicht gesät. Meist liegen sie direkt an der Mosel, mit eigenem Zugang zum Fluss und sind gut bis sehr gut ausgestattet: mit Restaurant, Kinderspielplatz etc. Rund zehn weitere Campinggründe liegen an den Ufern von Saar und Sauer. Die Mosellandtouristik (s. S. 34) hält eine eigenen »Campingführer Moselland« bereit, in dem die Anlagen detailliert beschrieben sind.

Jugendherbergen

Jugendherbergen stehen in Trier, Traben-Trarbach, Saarburg, Mettlach-Dreisbach, Hermeskeil, Bernkastel-Kues, Cochem-Cond, bei Brodenbach und in Koblenz. Infos erhält man unter www.djh.de.

Preise in diesem Reiseführer

Sind in diesem Reiseführer Unterkunftspreise ohne weitere Erläuterung angegeben, so beziehen sie sich auf eine Übernachtung für zwei Personen im Doppelzimmer inkl. Frühstück.

Essen & Trinken

Handgerüttelter Sekt: ein Genuss

Die Küche der Region

Die typisch moselländische Küche ist einfach, deftig – und rar. In den Dorfgasthöfen der ursprünglich armen Flussregion finden sich auf der Speisekarte meist internationale Standardgerichte wie Schnitzel mit Pommes; auf den Winzer- und Straßenfesten gibt es allenfalls Hunsrücker Spießbraten.

Traditionsreiche moselländische Rezepturen kehren erst allmählich wieder ins Bewusstsein der Wirte zurück – oft auch in modernisierter Gestalt. Denn die typischen Speisen der Mosel waren ursprünglich schwerste Kost. Sie dienten vornehmlich dem Zweck, die Mägen den Arbeiter und Helfer im Winzer- und Bauernberuf zu füllen – den man damals als den zweitschwersten nach dem Bergbau ansah. Da das Moselland kaum Reichtum kannte, setzten sich die Gerichte in der Regel aus dem zusammen, was auf dem eigenen Feld angebaut und im eigenen Stall gehalten wurde. Und von jeher spielte der Wein eine Rolle. Noch heute gibt es an der Mosel beispielsweise ein spezielles Angebot an Süßspeisen, die mit Wein statt wie gewohnt mit Milch angemacht werden, und das Tresterfleisch.

Einfaches für den Weinberg

Oft war es auch so, dass man die Kost zu Hause vorbereitete und anschließend zur Arbeit unter freiem Himmel mitnehmen konnte. »Schmer« oder »Schmeere« und »Schnittcher« sind die kalte Variante dieser Wingertspeisen, ebenso wie würzige Kuchen. Suppen oder Eintöpfe gehören zu den warmen, einfachen Gerichten; auch Aufläufe und andere lang garende bzw. kochende Speisen, oft auf der Basis von Kartoffeln. Nach dem Schlachten gab es dann auch mal Schinken, Sülze oder Leber- und Blutwurst. Ansonsten kam Fleisch nur in gutbürgerlichen Haushalten öfter auf den Tisch.

Die Weinbergschnecke ist an der Mosel kaum verbreitet, daher spielt sie in der regionalen Küche allenfalls eine untergeordnete Rolle. Ganz anders sieht es beim Fisch aus. Der Aal ist eine typische Spezialität des Flusses; er kam einst in riesigen Mengen vor, ähnlich wie der Zander. Dank der inzwischen erneut guten Wasserqualität der Mosel erlebten beide ein Comeback.

Delikatesse aus dem Alten China: roter Weinbergpfirsich

Eine kulinarische Besonderheit der Mosel ist der rote Weinbergpfirsich. Ursprünglich beheimatet im Alten China kam er zunächst über Vorderasien nach Persien; die Römer schließlich brachten die stark bepelzte, kleine, rotfleischige Frucht dann nach Italien und Südfrankreich. Vom 16. Jh. an fand der aromatische »Perserapfel« auch in den klimatisch begünstigten Weinbaugebieten Deutschlands Verbreitung. An der Mosel gehörten die kleinwüchsigen Bäume vor allem in den Steilhanglagen bis in die 1960er Jahre zum gewohnten Landschaftsbild. Großfruchtigere Pfirsichsorten und glattschalige, weniger empfindliche Nektarinen drängten den harten Winzling aber mehr und mehr aus dem Markt.

Ende der 90er Jahre initiierten dann Reinhard Löwenstein vom Weingut Heymann-Löwenstein in Winningen (Bahnhofstr. 10, Tel. 026 06/19 19, www.heymann-loewenstein.com) und Hubertus Vallendar, seines Zeichens Destillateur in Kail bei Pommern (Hauptstr. 11, Tel. 026 72/25 32, www.vallendar.de), das Comeback des roten Weinbergpfirsichs in ihrer Heimat. Tausende von Bäumen wurden neu gepflanzt.

Obwohl das Projekt aufgrund mangelnder politischer Unterstützung nicht in der geplanten Größenordnung realisiert werden konnte, setzen die rosafarbenen Blüten inzwischen im Frühling wieder weithin sichtbare Farbtupfer in die braun-graue Landschaft. Die Neupflanzungen wirken zudem der Verbuschung der Wingerte und der damit einhergehenden Zerstörung der Weinbergsmauern entgegen und retten so die Artenvielfalt der Steillagenbiotope. Die Raupe des seltenen und prächtigen Segelfalters z. B. bevorzugt neben Schlehen und Felsenkirschen besonders den roten Weinbergpfirsich als Lebensraum. Gourmets schließlich kommen durch die Rückkehr des würzig-herben Weinbergpfirsichs wieder vermehrt in den Genuss der aus ihm gewonnenen Marmeladen (die sich – fein vermust – auch sehr gut als Basis für Desserts eignen bzw – im groberen Zustand – einfach als Brotaufstrich) oder können sich schlicht an den eingelegten Früchten erfreuen.

Das Baumsymbol verheißt Genuss

Unter dem Motto »Genuss für Leib und Seele« warten ausgewählte gastronomische und landwirtschaftliche Betriebe im Gebiet Mosel-Saar-Ruwer sowie in der Eifel und im Hunsrück im Rhythmus der Jahreszeiten mit kulinarischen Spezialitäten aus der Region auf. Gepaart ist das lukullische Erlebnis oft mit Literaturlesungen oder Musikdarbietungen. Die beteiligten Betriebe sind an einem gemeinsamen Logo erkennbar: ein grüner Baum neben einem Haus mit rotem Dach, beide mit breiten Tuschstrichen gezeichnet.
Infos: Staatliche Lehr- und Versuchsanstalten Trier, Fachbereich Hauswirtschaft und Ernährung, Tel. 06 51/977 62 24.

Mit Tradition in die Zukunft

Die Zeit des kulinarischen Einerleis gehört offenbar auch an der Mosel der Vergangenheit an. Nicht nur zum Wein & Gourmet-Festival (s. S. 21) besinnen sich gastronomisch anspruchsvollere Restaurants mehr und mehr auf die landestypischen Produkte und bieten ihren Gästen kulinarische Leckerbissen auf der Basis von Fisch, Wild und Wein an. Neben Moselaal und Zander landen auch Rotauge, Wels, Hecht, Bachforelle aus dem Hunsrück und aus der Eifel, sogar Flusskrebse und eingelegte bzw. gebackene Moselfische wieder auf den Tellern. Desgleichen Reh, Hirsch, Frisch-

Restaurantöffnungszeiten

An der Mosel haben die Restaurants meist durchgehend von 12 bis ca. 22 Uhr geöffnet; Weinkeller, Straußwirtschaften unter der Woche zum größten Teil ab 16 Uhr, Sa/So oft schon ab mittags. Straußwirtschaften haben nur Saisonbetrieb. In Luxemburg herrschen gastronomisch französische Gepflogenheiten, d. h. ein Restaurant hat mittags und/oder abends geöffnet, eine Brasserie in der Regel durchgängig, der Kaffee wird direkt nach dem Essen serviert, für Kuchenschlachten geht man in spezielle Cafés, die in der Regel spätestens um 19 Uhr schließen.

ling und Kaninchen. Riesling-Weinpfirsich-Suppe, Riesling-Pastete, Chutney aus dem roten Weinbergpfirsich oder Salat mit einem Dressing aus Weinbergpfirsichmark und zweierlei Balsamico oder gratiniertes Mosel-Trester-Parfait beglücken ebenfalls die Gaumen der Moselreisenden. Und wer seinen Appetit ganz traditionsreich stillen möchte, lässt sich in Trier oder Ediger ein römisches Mahl auftischen – Muscheln mit Linsen vielleicht, Birnenauflauf oder ein Aprikosenfrikassee. Aber Achtung: Diese Gerichte schmecken wirklich ganz anders, als es unser Gaumen gewöhnt ist.

Feine Tropfen von Traube, Apfel, Pfirsich

Das Moselland ist eine Weinregion – und auch die Tropfen von Saar und Ruwer können sich sehen lassen. In den 1950er und 60er Jahren zum Massenwein verkommen, in den 80ern skandalumwittert, erfuhr der bereits zu Zeiten Wilhelms II. hoch geschätzte Moselriesling Anfang der 90er Jahre eine Renaissance. Erfahrung und Tradition paarten sich mit neuesten Erkenntnissen, man setzte wieder auf Klasse statt Masse. Das Ergebnis: ein trockener, feinfruchtiger, mineralstoffreicher, aber zugleich alkoholarmer Wein, jung, schlank, elegant. Viele der »neuen« Moselwinzer produzieren mittlerweile auch ihren eigenen Sekt sowie köstliche, hochprozentige Trauben-, Hefe- und Tresterbrände (www.msr-wein.de: Detailinfos zum Thema Wein und Weinbau in der Region Mosel-Saar-Ruwer).

Exquisite flüssige Köstlichkeiten sind auch der hochprozentige Weinbergpfirsich-Likör (25 % Alkohol) sowie der – auf Fachmessen bereits ausgezeichnete – Edelbrand vom roten Weinbergpfirsich. Um einen Liter Destillat zu erhalten, werden 25 kg Früchte benötigt. Basis für den Likör ist das hocharomatische Fruchtkonzentrat aus vorsichtig entkernten Pfirsichen. Er kann pur getrunken werden – am besten gut gekühlt – oder man gießt ihn mit traditionell vergorenem Riesling-Sekt auf zum Kir.

Auf den Winzerfesten im Herbst wird häufig der vergärende trübe Most (Federweiße) ausgeschenkt. Doch die Mosel lebt nicht vom Wein allein: Vor allem bei Trier funkelt häufig auch der Viez im Glase, ein aus kleinen, sauren Äpfeln gewonnener Apfelmost.

Natürlich zapfen auch die Moselwirte ein gepflegtes Bier (in Koblenz ist die große Königsbacher-Brauerei ansässig); es werden überall Mineralwässer, Limonaden und Säfte serviert.

Zum Wohle! – oder »zum Segen!«, wie noch mancher moselländische Straußwirt wünscht.

Spezialitäten aus dem Moselland

Äppelfleisch – Schweineschulter mit Äpfeln und Zwiebeln geschmort, abgeschmeckt mit Moseltrester und Sahne. Eine der »reicheren« Spezialitäten

Debbekoche – Kuchen aus rohen, geriebenen Kartoffeln, Eiern, Zwiebeln und geräuchertem Bauchspeck, gewürzt mit Muskat

Deppellappes – wörtlich: Kesselkuchen. Eine Variante des Deppekoche. Eine Masse aus geriebenen Kartoffeln und Zwiebeln, kleingeschnittenen Mettwürsten, Eiern und Rauschspeck wird zwei Stunden im Ofen gebacken. Man isst das Ganze heiß mit Apfelmus und trinkt dazu Kaffee.

Himmel und Erd – ein Gericht aus Kartoffeln, Äpfeln und gebratener Blutwurst

Hoppel-Poppel – Kartoffelpfanne mit Speckstreifen, Zwiebeln, gekochten oder gebratenen Fleischwürfeln, die mit verquirltem Ei übergossen werden. Die gestockte Masse wird mit Schnittlauch, Petersilie und saurer Sahne überzogen.

Kappesmengsel – Kartoffeln mit Sauerkraut und Kasseler

Moselländische Weinsuppe – Einfache, stärkende Suppe aus Weißwein, Eigelb, Mehl und Butter, mit Zimtbrotwürfeln garniert. Ursprünglich war die Broteinlage umfangreicher.

Moselaal – wird meist gebacken; eine leckere Alternative ist die Variante in Salbei.

Moselkahn – überbackene Käse-Rahm-Brötchen

Moselzander – gibt es in vielerlei Zubereitungsarten, z. B. in der Salzkruste, im Riesling-Blatt, in Riesling-Trauben-Sauce etc.

Schmer, Brockeschmer – Brotaufstrich gröberer Konsistenz, z. B. aus dem roten Weinbergpfirsich

Schnöbbelchesbunenzopp möt Grombereschniedcher (trierisch) – Suppe aus frischen, klein geschnittenen grünen Bohnen mit Reibekuchen

Trierer Reibekuchen – Kartoffelpfannkuchen mit Kräutern

Twerdich oder Teerdish (trierisch) – Kartoffelpüree und Sauerkraut miteinander vermischt (manchmal mit Eisbeinbrühe angereichert)

Viez/Viz – noch nicht vergorener Apfelmost

En Poorz Viz (trierisch) – ein Krug mit noch nicht vergorenem Apfelmost

Weincräwes – Kreation aus Schweinerippchen und Sauerkraut, gekocht mit Moselwein, gewürzt mit Zwiebeln und Lorbeer, serviert mit Kartoffelpüree und ausgelassenem Speck

Winzerbrot – Sauerteigbrot aus Weizen- und Roggenmehl mit Wein, Weinlaub, Lauch, Griebenschmalz und Walnusskernen, mitunter noch im Weinblatt gebacken.

Winzerpfanne – sättigende Mahlzeit aus Bratkartoffeln und gebackener Blutwurst, die früher den Leuten im Weinberg als Stärkung gereicht wurde.

Aktivurlaub

An der Mosel kann man vortrefflich wandern

Angeln

Angeln ist ein beliebter Freizeitsport an der Mosel. Angelscheine sind bei den Verbandsgemeindeverwaltungen in der Region erhältlich. Nähere Auskünfte halten die örtlichen Tourist-Informationen bereit.

Baden

Die Wasserqualität der Mosel ist recht gut, man kann daher fast überall unbedenklich in die Flusswellen steigen. Am Ufer finden sich zudem zahlreiche Freibäder; in Cochem, Kröv, Leiwen, Saarburg, Schweich, Treis-Karden, Trier, Wittlich und Zell existieren überdies Spaß- und Erlebnisbäder. Bernkastel-Kues, Bad Bertrich und Traben-Trarbach besitzen ein Thermalbad. In Nohfelden-Bosen und in Losheim liegen Badeseen mit Freizeitzentren.

Ballon-Fahrten, Drachenfliegen & Co.

Einen reizvollen Anblick bietet das Moselland auch aus der Vogelperspektive. Heißluftballon-Fahrten beginnen in der Regel bei Bernkastel, Schweich oder Traben-Trarbach (www.ballonreisen-moselland.com). Ebenfalls gemächlich lassen sich die Moselschleifen sowie die Höhen von Hunsrück und Eifel per Segelflieger erkunden (Flugplätze in Büchel, Kell/Hunsrück, Konz-Könen, Neumagen-Dhron und Traben-Trarbach).

Drachen- und Gleitschirmfliegern bietet der Raum Bernkastel-Kues im Umkreis von maximal 20 km zahlreiche Startmöglichkeiten für jede Windrichtung (z.B. Mehring, in Zeltingen-Rachtig, Burgen, Erden, Ürzig, Maring-Noviand). Man kann an der Mosel das ganze Jahr über fliegen, wobei von Frühling bis in den Herbst stundenlange Thermikflüge und Streckenflüge keine Seltenheit sind. Gastpiloten sind in allen Geländen nach Einweisung durch ein Vereinsmitglied willkommen (B-Schein-Gelände).

Treffpunkt für Fallschirmspringer ist der Flugplatz Föhren. Von diesem Aerodrom aus sind auch Rundflüge über die Region möglich ebenso wie von Winningen-Koblenz, Hahn im Hunsrück, Traben-Trarbach, Neumagen-Dhron und Konz-Könen an der Saar.

Golf & Minigolf

Ein Golfdorado ist die Mosel sicher nicht; einzig in Ensch-Birkenheck steht ein 18-Loch-Platz zur Verfügung (Kontakt über den Golfclub Trier). Anfänger finden in Edinger-Eller ein passables Schul- und Übungsgelände. Anspruchsvollere Plätze liegen im Hunsrück (bei Hahn-Lautzenhausen und Kirschweiler) sowie in der Eifel: bei Burbach, bei Hermesdorf und bei Hillesheim.

Minigolfanlagen existieren indes zu hauf im Moselland. Die erste Deutschlands wurde in Traben-Trarbach angelegt und ist noch immer bespielbar. Mehr als ein Dutzend Orte zogen nach.

Inline-Skaten

Immer häufiger sieht man auf manchen Radwegabschnitten längs der Mosel auch Inline-Skater. Einige Gemeinden wie Riol oder Trier haben sich bereits mit Verleihstationen auf diesen Sport eingestellt. Schweich, Saarburg, Konz, Enkirch und Bernkastel-Kues bieten zudem Parks und Anlagen mit Half- und Quaterpipes.

Lehrpfade

Mehr als drei Dutzend Themenpfade erschließen die Besonderheiten des Mosellandes. Viele widmen sich dem Wein, aber es gibt auch zahlreiche Waldlehrpfade, archäologische und geologische Pfade und z.B. einen Schieferlehrpfad (durch das Kaulenbachtal), einen Grubenwanderweg (bei Fell), einen Steinlehrpfad (Trier), einen Geschichtslehrpfad (Wawern), einen Vogelschutzlehrpfad (Ensch) sowie den Skulpturenweg »Steine am Fluss« entlang der Obermosel von Konz bis Palzem.

Radfahren

Die Mosel und ihre unmittelbaren Nachbarregionen haben sich in den vergangenen Jahren zum regelrechten Radlerparadies entwickelt. Es gibt ein weit verzweigtes, gut ausgebautes Radwege- bzw. Radstreifennetz, das mehrere hundert mögliche Tourenkilometer umfasst, zum größten Teil mit nur mäßigen Steigungen. Sportliche Mountainbiker finden aber auch knackige Trails durch die Weinberge und Wälder an den Hängen – wie zum Beispiel bei Briedel oder um Traben-Trarbach.

Viele Orte verfügen über einen Fahrradverleih. Die Bahn vermietet an gut einem halben Dutzend ihrer Stationen Drahtesel, deren Rücktransport vom Zielort im Preis eingeschlossen ist. Das ermöglicht auch One-Way-Strecken. Auch auf den Schiffen ist Fahrradbeförderung möglich und die Linienbusse der Moselbahn nehmen bis zu 8 Fahrräder mit, je nach Kapazität. Überdies verkehrt zwischen Trier und Bullay sowie zwischen Bernkastel-Kues und Daun ein spezieller Radlerbus, der fast zwei Dutzend Pedaltreter samt ihrem Gefährt aufnehmen kann (s. S. 36).

Einmal im Jahr dürfen Radler weite Uferstrecken sogar völlig ohne Autokonkurrenz für sich in Anspruch nehmen: am Sonntag nach Pfingsten, wenn die Parole »Happy Mosel« (s. S. 21) gilt.

Etwas bescheidener, aber ebenfalls abgasfrei, verläuft der Radlersonntag von Konz bis Merzig entlang der Saar (immer am 3. So im Mai) sowie in Moselorten oberhalb von Trier und im Ruwertal (immer am 3. So im Aug.).

Reiten

Vorwiegend in Richtung Eifel liegen hinter den steilen Moselrebbergen einige Gestüte und Reitanlagen. Direkt am Fluss können sich begeisterte Rei-

Kröver Nachtlauf

Jedes Jahr am Pfingstsamstag steht Kröv ganz im Zeichen des Internationalen Mitternachtslaufes. An den Start gehen neben hochsportlichen Läufern auch Kinder, Skater oder Senioren – jeweils in eigenen Gruppen. Die Kröver umrahmen den Wettlauf mit einem attraktiven Festprogramm.

ter für einen Ausritt an Vereine und Höfe z. B. der Gemeinden Konz-Könen, Leiwen/Neumagen-Dhron und Maring-Noviand wenden. Auch in Bernkastel-Kues, Cochem, Wittlich, am Valwiger Berg sowie in Saarburg und Trier bestehen Reitmöglichkeiten.

Triken und Rollern

Trikes sind Dreiräder für Erwachsene – mit 35- bis 55-PS-Motor und bis zu drei Sitzplätzen. Ein Zwischending zwischen Cabriolet und Chopper. Man braucht allerdings zum Fahren keinen Motorrad-, sondern nur den Pkw-Führerschein.

Lenken und Gasgeben erfolgt zwar wie bei einem Motorrad, Kuppeln und Bremsen aber wie bei einem Auto. Geschaltet wird mit der linken Hand. Im Moselland können Trikes inzwischen in Enkirch, Kobern-Gondorf und Zeltingen-Rachtig ausgeliehen werden. Die Tagesmiete liegt um 100 €; Helm und Regenkleidung können in der Regel vor Ort gegen Gebühr entliehen werden. Ein luftiges Fahrgefühl beim Erkunden der Täler und Hänge des Mosellandes bieten auch Motorroller (Führerschein Klasse M erforderlich). Verleihstationen gibt es in Cochem, Enkirch Kaisersesch und Longuich. Die Tagesmiete liegt bei ca. 25 €.

Wandern

Viele Schönheiten des Mosellandes erschließen sich nur auf Schusters Rappen. Mehr als ein Dutzend Naturschutzgebiete mit seltenen Pflanzen und Tieren sowie uraltem Baumbestand liegen in der Region, vor allem an der Untermosel. Hinzu kommt eine Fülle von Kulturdenkmälern und Sehenswürdigkeiten, die sich ebenfalls ausschließlich auf Wanderpfaden erreichen lässt. Der älteste, bekannteste und längste dieser Wege ist der Moselhöhenweg. Er zieht sich über annähernd 400 km zu beiden Seiten des Flusses hin. Auf der Hunsrückseite führt er von Koblenz bis Palzem an der deutsch-luxemburgisch-französischen Grenze, auf der Eifelseite von Wasserbillig an der Sauermündung bis Trier und von Schweich zurück bis nach Koblenz bzw. umgekehrt. Ca. 14 Tage sind nötig, um ihn komplett abzugehen. Nicht immer folgt das weiße M-Zeichen des historischen Pfades jedoch den Mosel-Windungen. Wer diese im Detail kennen lernen möchte, wählt Teilabschnitte oder schließt sich einer der von den meisten Ferienorten zahlreich angebotenen Themen-, Rund- oder Sternwanderungen an. Sie führen z. B. auf Winzerhöfe, zu Burgen oder in Dorfkirchen mit historischen Orgeln. Ebenfalls möglich sind vorgebuchte Wanderwochen. Sowohl die Mosellandtouristik (s. S. 34) als auch die Gemeinden direkt bieten solche Pauschalen an.

Wassersport

Außer in den speziell gekennzeichneten Bereichen ist Segeln und Motorbootfahren überall an der Mosel möglich. In annähernd zwei Dutzend Moselorten gibt es Anlegestellen, Tagesliegeplätze für Jachten, Slips und einen Bootsverleih – sogar für führerscheinfreie Motorboote. Zudem können Kajaks und Kanus gemietet werden – z.B. in Kinheim, Konz, Piesport, Schoden und Traben-Trarbach. Die zwölf Staufstufen des Flusses sind mit speziellen, für Sportboote geeigneten Schleusengassen versehen.

Wasserskifahren ist auf rund einem Dutzend Flussabschnitten zwischen Trier und Koblenz möglich; vor allem zwischen Winningen und Cochem, aber z.B. auch bei Traben-Trarbach. Jet-Ski sind hingegen kaum noch erlaubt. Die

Paddeln vor einer Traumkulisse

Surfer kommen oberhalb der Stauwehre von Mosel und Sauer auf ihre Kosten, Wildwasserfahrer bei Irrel.

Wellness

Schon die Römer ließen es Körper und Seele wohl ergehen an der Mosel bzw. in ihren Seitentälern. Zwei Quellen bildeten die Basis für ein reges Bäder-Leben. Ende des 20. Jh. verwandelte sich eines dieser Kurbäder zu einem der exklusivsten Ayurveda-Zentren Europas. Ein internationales und bisweilen recht hochkarätiges Publikum kommt inzwischen in den indischen Heiltempel, der im Traben-Trarbacher Stadtteil Bad Wildenstein aus dem historischen Kurhaus erwuchs und neben der klassischen Lehre des Maharisi Ayur-Ved auch Anti-Aging und Anti-Stress-Pauschalen zu seiner Angebotspalette zählt. Ansonsten haben bislang an der Mosel nur wenige Hoteliers dem Trend Rechnung getragen und bieten in ihren Häusern Entspannungs- und Beauty-Offerten an. Die Häuser stehen in Bad Bertrich, Bernkastel-Kues, Cochem, Mülheim, Perl-Nennig, Zeltingen, zwei in Trier. In der Regel verfügen sie über verschiedene Saunen und ihr Angebot reicht von klassischen und Aromamassagen bis zu Reiki- und Shiatsu-Anwendungen. In Trier eröffnete im Frühjahr 2003 das Park Plaza Hotel im Stadtzentrum einen 350 m² großen »römischen« Wellnessbereich.

Auskunft

… in Deutschland

Mosellandtouristik GmbH
Postfach 13 10, Im Kurpark (Kurgastzentrum),
54470 Bernkastel-Kues,
Tel. 065 31/20 91, Fax 20 93,
info@mosellandtouristik.de

Rheinland-Pfalz Tourismus GmbH
Postfach 70 05 63, 56005 Koblenz,
Tel. 02 61/91 52 00, Fax 915 20 40

Mittelmoseltouristik
Gestade 18a, 54470 Bernkastel-Kues,
Tel. 065 31/30 75, Fax 30 77
www.bernkastel-kues.de

Eifel Tourismus
Kalvarienbergstr. 1, 54595 Prüm,
Tel. 065 51/965 60, Fax 96 56 96,
info@eifel-portal.de

Saar-Obermosel Touristik
Graf-Siegfried-Str. 32,
54439 Saarburg,
Tel. 065 81/812 15, Fax 812 90

Luxemburgisches Fremdenverkehrsamt
Bismarckstr. 23–27,
41061 Mönchengladbach,
Tel. 021 61/20 88 88, Fax 27 42 22

… in Luxemburg

Landesverkehrsamt Luxemburg
Postfach 1001, 1010 Luxemburg,
Tel. 003 52/428 28-220,
Fax 428 28-238

Reisezeit

Wenn an Ostern die ersten Moselschiffe ihre Touren starten, herrschen in den Flusstälern meist recht milde Temperaturen. Die Strahlen der Sommersonne heizen die dunklen Schieferhänge in den engen Windungen dann mitunter auf bis zu 40 °C auf. Im Spätherbst staut sich in den kurvigen, windgeschützten Flussschleifen allerdings häufig auch Nebel. Die durchschnittliche Jahrestemperatur beträgt an der Mittelmosel etwa 9 °C, auf den Höhen der Eifel und des Hunsrück liegt sie deutlich niedriger. In diesen gebirgigeren Gebieten muss auch mit einer wechselhafteren Witterung gerechnet werden.

Oft tauchen Spätsommer und Frühherbst das Moselland in goldenes Licht; die Weinlese und eine Fülle von Winzerfesten mehren noch den Charme dieser Saison. Ab Oktober ist indes mit Hochwasser zu rechnen, daher schließen viele der ufernahen Campingplätze und Restaurants – meist bis Karfreitag.

Einreise

Bürger der EU-Staaten werden nicht mehr kontrolliert. Schweizer müssen nach wie vor ihren Reisepass vorzeigen.

Geld

Mit Maestro-Karte und Geheimnummer erhält man in fast allen Orten Bargeld. Die gängigen Kreditkarten werden in den meisten Hotels und Restaurants akzeptiert, nicht jedoch in kleineren Geschäften und Privatunterkünften.

Anreise

… mit dem Flugzeug

Das Moselland liegt im Airport-Dreieck Frankfurt, Köln und Luxemburg. Auf dem inzwischen auf die Größe von zwei

Terminals ausgebauten Flughafen Hahn landen Charter- und Privatflugzeuge.

Zwischen Luxemburg-Findel und Trier existiert eine Shuttle-Busverbindung; ab dem Rhein-Main-Flughafen und dem Kölner Hauptbahnhof gibt es gute Bahnverbindungen.

... mit der Bahn

Bis Koblenz verkehren regelmäßig IC- und EC-Züge aus allen Himmelsrichtungen. Etwa im Stundentakt geht es dann mit RB- oder RE-Zügen weiter über Cochem nach Trier. Allerdings verlässt die Strecke bei Bullay das Moseltal. Die Fahrt dauert je nach Zugart zwischen 1,5 und 2 Stunden. Ohne Ermäßigung beträgt der einfache Fahrpreis ca. 16 €. Von Köln aus verkehren ebenfalls im Stundentakt Züge durch die Eifel mit Endhaltestelle Trier; die Fahrt dauert zwischen 2,5 und 3,5 Stunden. Der Fahrpreis beträgt ohne Ermäßigung je nach Zugkategorie zwischen 24 und 29 €. Mit einmaligem Umsteigen in Bullay ist auch Traben-Trarbach auf Schienen zu erreichen.

Gute Bahnverbindungen existieren zudem in Richtung Luxemburg und Saarland. Das von Kurt Tucholsky literarisch verewigte Moselbähnchen zwischen Trier und Bullay fährt hingegen schon seit 1967 nicht mehr. An seine Stelle traten Busverbindungen (s. auch S. 37). Wer seinen Moselurlaub über die Mosellandtouristik (s. S. 34) bucht, erhält einen kostenlosen Transfer vom nächstgelegenen Bahnhof zu seinem Unterkunftsort.

... mit dem Auto

Westlich von Koblenz quert die A 61 die Mosel und kreuzt die Eifelautobahn A 48. Direkt nach Trier führt die A 1; sie ist über die A 64 mit den Schnellstraßen Luxemburgs verbunden.

Eine Alternative zu den Autobahnen bis Koblenz ist aus südlicher Richtung die gut ausgebaute Hunsrückhöhenstraße B 327 via Rheinböllen sowie die A 8 über Saarlouis und Merzig.

... mit dem Schiff

Wer auf den Wellen des Rheins anreist, muss meist in Koblenz das Schiff wechseln. Zwischen Koblenz und Trier verkehren regelmäßig Linienschiffe. Für große Distanzen zuständig ist die Köln-Düsseldorfer Rheinschifffahrt AG (Frankenwerft 35, 50667 Köln, Tel. 02 21/20 88 00). Kleinere Strecken bedienen die lokalen Schifffahrtsunternehmen.

Unterwegs im Moselland

... mit dem Auto

Nahezu allen Moselwindungen folgt ein Straßenband, abwechselnd am rechten und am linken Ufer. Zahlreiche Brücken und Fähren verbinden die beiden Seiten des Flusses. In den engen Gassen der alten Moselörtchen gestaltet sich das Fahren oft schwierig; auch Parkplätze sind hier rar. Wer nicht mit dem eigenen Auto fahren möchte, findet Mietwagen-Stationen zum Beispiel am Flughafen Hahn (Terminal Gebäude 500), in Koblenz (z. B. am Bahnhofsplatz und in der Andernacher Str. 190–192), in Trier (ebenfalls u. a. am Bahnhof) sowie in Wittlich (Friedrichstr. 58).

... mit dem Fahrrad

Eine rund 275 km lange Radwanderroute verbindet Koblenz mit der Obermosel und dem Saarburger Land bzw.

Thionville. Sie führt teilweise direkt am Fluss entlang, teilweise durch die Weinberge, mit Abstechern in die Seitentäler von Saar, Sauer und Ruwer. Die zu bewältigenden Steigungen halten sich in Grenzen (Detailinfos über die Mosellandtouristik, s. S. 34). Auf der ehemaligen Bahntrasse Daun–Lieser entstand der Maare-Mosel-Radweg (55 km), der die Eifel mit Bernkastel-Kues verbindet. Nähere Infos unter www.maare-moselradweg.de. Auch im Gebiet um Kaisersesch gibt es einen neuen Radrundweg – über 22 km führt der Eifel-Schiefer-Weg zu den Sehenswürdigkeiten der Gemeinden Mayen-Land und Kaisersesch.

Wer nicht mit dem eigenen Drahtesel ins Moselland kommen will, kann an zahlreichen Moselbahnhöfen, in vielen Hotels, Radläden und Verkehrsvereinen Räder mieten – auch Kinderfahrräder und Babyaufsätze. Manche Stationen bieten sogar einen besonderen Gepäckservice zur nächsten Unterkunft an.

Vom 1. Mai bis zum 31. September setzt die Moselbahn GmbH (Tel. 06 51/210 75 und 06 51/968 00, Fax 06 51/96 80 50) täglich einen speziellen Radlerbus ein. Er verkehrt zwischen Trier und Bullay und bietet Platz für 34 Radfahrer und ebenso viele Fahrräder. Zwischen Oktober und April verkehrt der Radlerbus nur am Wochenende. Gäste, die aus Richtung Bernkastel auf den Maare-Mosel-Radweg starten, haben inzwischen die Möglichkeit, per Bus von Daun zurückzufahren. Da das Platzkontingent für Fahrräder allerdings begrenzt ist, muss die Fahrkarte eineinhalb Tage vor der geplanten Tour im Internet bestellt werden – über www.regio-radler.de. Auch die Mitnahme von Rädern in der Bahn (Voranmeldung erbeten, Radfahrer-Hotline 018 05/15 14 15) und auf den Personenschiffen ist möglich (Tel. 026 73/15 15 oder 065 42/222 57).

Die örtlichen Fremdenverkehrsämter bieten z. T. auch Tourenpakete für Radler bzw. Mountainbiker an, meist sogar mit Gepäcktransfer (Auskünfte z. B. über Saar-Obermosel Touristik, Tourist-Information Trier Stadt & Land e.V., Tourist-Information Traben-Trarbach).

… mit Ausflugsdampfer und Boot

Zu den schönsten Arten, das Moselland zu erkunden, gehören zweifellos die Schifffahrten. Zahlreiche Schifffahrt-Unternehmen verkehren zwischen gut einem Dutzend Anlegestellen in kleineren Uferorten. Manche dieser Schiffsgesellschaften bieten auch mehrtägige Kreuzfahrten an. Von Mai bis Oktober werden täglich Schifffahrten durchgeführt; der Fahrscheinverkauf erfolgt an Bord.

Auskunft über die Mosellandtouristik, die örtlichen Fremdenverkehrsämter, die Entente Touristique de la Moselle Luxembourgeoise in Grevenmacher (Tel. 003 52/75 82 75) oder direkt bei den Unternehmen, z. B. Hans Michels Personenschifffahrt, Bernkastel-Kues (Tel. 065 31/82 22), Rhein- und Moselschifffahrt Collée-Hölzenbein, Koblenz (Tel. 02 61/377 44), Undine Personenschifffahrt, Cochem (Tel. 026 71/74 31), Gebr. Kolb OHG, Briedern (Tel. 026 73/15 15), Luxemburger Personenschifffahrt Navitours, Grevenmacher (Tel. 003 52/75 84 89). Ab Kröv verkehrt auch ein Schaufelraddampfer.
Wer selbst Kapitän spielen möchte, kann in nahezu allen Moselorten ein Boot mieten.

… mit dem Bus

Das Busnetz im Moselland ist recht gut ausgebaut, die Fahrzeuge der Moselbahn GmbH fahren häufig und halten nahezu an jedem Moselort (Tel. 06 51/ 210 75). Zu den wichtigsten Abfahrtsstellen zählen Koblenz, Cochem, Bullay, Zell, Trarbach und Bernkastel. Außerdem gibt es auch Reisebusse für Ausflüge nach Luxemburg: in Trier und Koblenz bei den Infostellen nachfragen.

… zu Fuß

Bereits zu Beginn des vorigen Jahrhunderts schufen die Moselländer die ersten Abschnitte des inzwischen fast 400 km langen, mit einem weißen »M« gekennzeichneten Moselhöhenwegs (Info und Detailkartenführer über die Mosellandtouristik). Aber auch die Seitentäler des Flusses, in Richtung Hunsrück und Eifel, bieten herrliche Wanderwege. Viele der Sehenswürdigkeiten unterwegs sind tatsächlich nur zu Fuß zu erreichen; Autofahrer haben hier keine Chance. Wie beim Radwandern bieten zahlreiche Gemeinden und Organisationen im Moselland auch Wanderpauschalen an. Manche von ihnen sind themenorientiert, widmen sich z. B. dem Wein oder den historischen Orgeln der Mittelmosel.

Notfall

Notruf/Polizei:
110 (in Deutschland)
113 (in Luxemburg; auch Feuerwehr)
Feuerwehr/Ambulanz:
112 (Deutschland und Luxemburg)
Pannenhilfe:
018 02/22 22 22 (Deutschland),
45 00 45 (Automobile Club Luxemburg)

Diplomatische Vertretungen

Österreich: Tel. 030/20 28 70
Schweiz: Tel. 030/390 40 00
In Luxemburg:
Deutschland: Tel. 45 34 45-1
Österreich: Tel. 47 11 88
Schweiz: Tel. 22 74 74-1

Telefonieren

Vorwahl: Luxemburg 003 52; im Land selbst gibt es keine Ortsvorwahlen. Vorwahl von Luxemburg nach Deutschland 00 49, in die Schweiz 00 41, nach Österreich 00 43.

Öffnungszeiten

Museen/Sehenswürdigkeiten: Di–Sa/So 9/10–12/13 und 14/15–18 Uhr, meist Mo geschlossen. Oft nur geöffnet von Ostern bis Ende Okt./Anfang Nov.
Geschäfte: In Trier und Koblenz gelten großstädtische Ladenöffnungszeiten, in den Moselörtchen ist meist um 18 Uhr Feierabend und mittags geschlossen.
In **Luxemburg** neigt man zu komplizierten und häufig wechselnden Öffnungszeiten.

Behinderte

»Barrierefreie Unterkünfte« nennt sich eine Broschüre der Mosellandtouristik, in der mehr als zwei Dutzend Hotels, Gasthöfe und Privatunterkünfte mit behindertengerechter Ausstattung aufgeführt sind. Zudem aufgelistet sind dort Wanderwege für Gehbehinderte und Rollstuhlfahrer sowie die Standorte von Behindertentoiletten.

Orte vo

Ob mittelalterliche Burgen oder moderne Freizeitparks, das Erbe der alten Römer oder die guten Tropfen der neuen Riesling-Winzer, ob Radtouren am Flussufer oder Spaziergänge auf den Spuren des Jugendstils, ob fröhliche Weinfeste oder klassische Kulturfestivals, kuschelige Privatpensionen oder edle Landgasthöfe, ob elegante Gourmet-Restaurants oder urige Stuben mit »Musselfösch« und

n A bis Z

Viez – dieser Moselführer gibt Ihnen nützliche Tipps und ausgesuchte Adressen an die Hand, damit Ihr Aufenthalt zu einem unvergesslichen Erlebnis wird! Und dem, der an der Mosel Besonderes sehen möchte, seien die fünf Touren empfohlen. – Die Mosel in kompakter, überschaubarer Form, für den, der viel sehen und nichts verpassen will.

Bad Bertrich (F 3)

Umgeben von grünen Bergwänden versteckt sich das Kurstädtchen mit seinen 1100 Einwohnern in einer schmalen Senke zwischen Mosel und Eifel. Bereits die Römer schätzten die sprudelnde warme Quelle, die hier am Fuße des Palmbergs entspringt; der bedeutende Geograph Sebastian Münster attestierte ihr in der ersten großen Weltkunde um 1530 ihre Heilkraft. Kurfürst Clemens Wenzeslaus von Trier ließ ein prächtiges Badeschlösschen samt Park anlegen, und Alexander von Humboldt, der Anfang des 19. Jh. Bertrich besuchte, bezeichnete Deutschlands einzige naturwarme Glaubersalztherme (32 °C) gar als das »milde Karlsbad«. Mit der Falkenlay, einem 413 m hohen Basaltkegel, einer steinzeitlichen Höhle und der Elfengrotte, einer aus Basaltsäulen gebildeten vulkanischen Felsformation, besitzt die Landschaft um Bad Bertrich eindrucksvolle Naturdenkmäler.

Sehenswert

Stadtbild: Die vornehmen cremefarbenen, himmelblauen und rosa schimmernden Fassaden der spätklassizistischen Häuser längs der weitgehend verkehrsberuhigten Hauptstraße sind sorgsam restauriert, das **kurfürstliche Badeschlösschen** mit dem farbenfroh bepflanzten kleinen Kurgarten bilden nach wie vor das Zentrum des Kurlebens. Ein neue Kurklinik ist hinzugekommen, 20 Hotels insgesamt erwarten den Gast – und an die wohl berühmteste Kurlauberin des 20. Jh. erinnert seit kurzem die **Clara-Viebig-Straße.** Die gebürtige Trierer Schriftstellerin, deren im Jahr 1900 erschienener Roman »Das Weiberdorf« in der Eifel und in der katholischen Welt heftige Proteste und Diskussionen auslös-

Kuratmosphäre in Bad Bertrich

te, kam bis 1936 häufig nach Bad Bertrich und fand hier zahlreiche Vorbilder für ihr literarisches Personal.

Sport & Freizeit

Schwimmen: Thermal-Hallen- und -Freibad Bad Bertrich, Clara-Viebig-Str. 1, Tel. 026 74/93 22 00, Mo–Fr 7–22, Sa 7–19.30, So, feiertags 8.30–19 Uhr. Von der Bergquelle gespeist, mit Sauna und Solarium.

Diana-Bad, Auf der Sees, Tel. 026 74/799. Beheiztes Waldbad, Mai–Sept. tgl. 9–19 Uhr.

Tourist-Information: Kurfürstenstr. 32, 56864 Bad Bertrich, Tel. 026 74/93 22 22, Fax 026 74/93 22 20, www.bad-bertrich.de, bad-bertrich@t-online.de

Hotel Alte Mühle: Bäderstr. 46, Tel. 026 74/18 80, Fax 026 74/18 84 04, info@hotel-altemuehle.de, www.hotel-altemuehle.de, 78–101 €. Dunkle und warme Holztöne prägen das Ambiente in diesem ruhigen, mit viel Liebe zum Detail geführten Haus.

Kurhotel am Kurfürstlichen Schlösschen: Kurfürstenstr. 34, Tel. 026 74/94 40, Fax 026 74/837, info@die-fuhrmanns.de, www.die-fuhrmanns.de, 103–133 €. Vornehmes Kurhotel mit Vital- und Wellnessbereich in einem 250 Jahre alten Gewölbekeller.

Welfenstube: Kurfürstenstr. 74, Tel 026 74/412, Di–So. Restaurant-Café mit gutbürgerlicher Küche. Filetpfanne Welfenstube für 13,95 €

Bertricher Hof: Am Schwanenteich 7, Tel. 026 74/936 20, kein Ruhetag. Hotel-Restaurant mit Vollwert- und vegetarischen Gerichten. Süße Spezialität: Makroneneistorte. Vollwertmenü 11–14 €, Hauptgerichte ab 9 €.

Fürstenhof: Kurfürstenstr. 36, Tel. 026 74/93 40, kein Ruhetag. Badische und internationale Spezialitäten. Steak vom Eifeler Milchkalb 17 €.

Entenfang: Kurfürstenstr. 45, Tel. 026 74/91 04 01, Mi–Mo. Ente in allen Variationen. Beschwipste Ente mit Wodkacreme 14 €.

Highlight 1

Beilstein (G 3)

Der Fährmann ist stolz auf sein Heimatdorf: »Willkommen im mittelalterlichen Beilstein, genannt das Dornröschen der Mosel« steht in schwarzroten Lettern auf einer Tafel an seinem mit bunten Wimpeln geschmückten Gefährt zu lesen. Alle Viertelstunde stehen neue Gäste auf den Planken, Radfahrer vor allem, die vom linken Flussufer hinüber wollen zu dem winzigen, von der Burgruine Metternich dominierten Postkartenort (160 Einwohner), der schon mehrfach als Filmkulisse diente. Er liegt in einem engen Tal, seine spitzgiebeligen, von einem barocken Kirchturm überragten Fachwerkhäuser drängen sich dicht an dicht. Steile Rebhänge ragen über den Dächern auf, unter denen bereits im 14. Jh. u. a. auch zehn jüdische Familien lebten. Bis ins 20. Jh. blieb die jüdische Kulturtradition in Beilstein ununterbrochen lebendig – das ist einzigartig an der Mosel.

Sehenswert

Ortsbild: Den winzigen **Marktplatz** der Miniaturstadt trieben die Baumeister direkt aus dem Fels, denn die Kessellage des Ortes zwischen Fluss und

Weinbergen ließ ihnen wenig Platz für ihre Entwürfe. Besonders schöne Architekturbeispiele sind das **Rathaus,** das **Zehnthaus** mit dem Metternichschen Wappen sowie das **Amtshaus** mit seinem Barockportal. Auch die alte jüdische Schule und die Synagoge sind erhalten (Letztere birgt nun eine Galerie).

Karmeliterkirche: Steile, von den Karmelitermönchen angelegte Treppen führen aus dem malerischen Gassenensemble hinauf zum St. Josephs-Kegel. Dort steht die im 17./18. Jh. auf gotischen Fundamenten erbaute Hallenkirche der Karmeliter mit der »Schwarzen Muttergottes«.

Burg Metternich: April–Okt. tgl. sowie an den Ostertagen.

Zur Rechten erreicht man die Burgruine Metternich mit ihrem ungewöhnlichen fünfeckigen Bergfried. Eine Chronik erwähnt die Anlage bereits im 12. Jh. 1689 wurde sie, wie alle übrigen Moselburgen auch, von den Franzosen geschleift. Ihr letzter Besitzer, Clemens Lothar Fürst von Metternich, bewahrte sie vor dem endgültigen Verfall. Direkt an der Burgruine kann man einkehren in das Familienrestaurant Fürst-Metternich-Stube (geöffnet wie Burgruine); oberhalb der Burgruine liegt der alte **jüdische Friedhof**.

Heimat- und Verkehrsverein Beilstein: Bachstr. 33, 56814 Beilstein, Tel./Fax 026 73/ 90 01 91.

Tourist-Information Ferienland Cochem: Adresse s. S. 50.

Altes Turmhaus: Alte Wehrstr. 19, Tel. 026 73/96 00 12, Ferienwohnung 40–50 €/2 Pers., jede weitere Pers. 8 €.

Ferienwohnung für zwei bis acht Personen in einem 1000 Jahre alten Gebäude.

Hotel Gute Quelle: Marktplatz 34, Tel. 026 73/14 37, Fax 026 73/13 99, info@hotel-gute-quelle.de. www.hotel-gute-quelle.de, 56–74 €.

Familiäres, kinderfreundliches Ambiente im Herzen des Ortes.

Hotel Burgfrieden:
Im Mühlental, Tel. 026 73/936 39, Fax 026 73/93 63 88, www.hotel-burgfrieden.de, 64–88 €.

39 komfortable, gemütliche Zimmer mit Sisalboden und modernem Ambiente. Lesezimmer, Sauna, Sonnenbank; Restaurant.

Hotelrestaurant Burg Metternich: Moselstr. 2, Tel. 026 73/17 56, Mi–Mo.

Die schönsten Moselburgen

Mittelalterliche Prunkstücke sind die Burgen Eltz bei Moselkern (s. S. 65), Arras bei Alf (Übernachtungsmöglichkeit, s. S. 70) sowie die Reichsburg in Cochem (s. S. 48). Eine Mischung aus Mittelalter und Barock charakterisiert die Burg Pyrmont in Roes (Ostern–1. Nov. Mi–So, feiertags, Tel. 027 72/23 45), in deren Kulisse im Sommer auch Filmvorführungen stattfinden. Hoch über Alken bietet die durch ihre zwei Bergfriede markante, teilrestaurierte Burg Thurant eine kleine Sammlung von Rüstungen, historischen Möbeln, Kunstgewerbe (auf Anfrage, Tel. 026 05/20 04; Übernachtung möglich, s. S. 57). Zu den eindrucksvollsten Ruinen zählen die Brodenbacher Ehrenburg (J 2, April–4. Nov. Mi–Sa 10–16, So 11–18 Uhr) und die Burg Metternich in Beilstein (s. o.).

Rebenbewachsene Terrassen mit Blick auf die Mosel. Hier und in den freundlichen Gasträumen kommt Regionales wie Internationales auf den Teller. Burg-Metternich-Pfanne 13 €.

2

Highlight

Bernkastel-Kues (F 4)

Mit dem beschaulichen Städtchen, das der englische Maler William Turner vor 150 Jahren auf seine Leinwand bannte, hat Bernkastel-Kues (ca. 8000 Einwohner) heute nichts mehr gemein. Der Doppelort zu Füßen der ehemals kurfürstlichen Burg Landshut gilt als das Herz der Mittelmosel – und pulsiert zu Saisonzeiten kräftig. Alle Ausflugsdampfer legen hier an, Biker und Busse machen ausgiebig Station. In dichten Trauben bevölkern die Besucher Straßen und Gassen. Meist gilt ihr Augenmerk vornehmlich der von kriegerischen Franzosenüberfällen und Feuersbrünsten verschonten mittelalterlichen Szenerie Bernkastels, auf der rechten Uferseite, unterhalb des »Doctor-Weinbergs«. Der berühmteste Sohn der Stadt – Nicolaus Cusanus – stammt indes aus dem gegenüber liegenden Kues. Erst 1905 wurden die beiden Gemeinden durch eine Brücke verbunden.

Sehenswert

Stadtbild Bernkastel: Am Bernkasteler Moselufer zeugen schlossartige Weinhöfe vom frühen Rebenreichtum der Stadt, darunter der **Alte Posthof** (Burgstr. 26, heute Hotel) sowie das **Kurfürstliche Kellerei- und Amtsgebäude** (Gestade 12–14). Prächtige Bronzereliefs erzählen am **Doctor-Brunnen** die Legende der berühmten Weinlage.

Marktplatz: Die Hauptattraktion des Ortes bildet die malerische Kulisse des alten Marktplatzes. Ein Ensemble sorgsam restaurierter, reich verzierter Fachwerkhäuser aus verschiedenen Epochen reiht sich hier um eine der schönsten Fontänen der Mosel, den **Michaelisbrunnen.** Besonders attraktiv gestaltet sind Fassade und Giebel des alten **Rathauses;** fast komisch wirkt neben dem vornehmen Renaissance-Bau das ein paar Schritte aufwärts stehende **Spitzhäuschen,** dessen Obergeschosse über einen schmalen Sockel kragen.

Ausblick: Das Kapuzinergässchen führt hinauf zum heute als Altenheim dienenden **ehemaligen Kloster.** Von dort blickt man auf die eng beieinander stehenden Schieferdächer des Ortes und die steilen Weinberge.

Reste der alten Stadtbefestigung: Mehr als 600 Jahre ist die verschwenderisch mit Kunstwerken ausgestattete **Michaeliskirche** alt. Ihr frei stehender, aus Bruchsteinen gemauerter Turm gehörte ursprünglich zur Stadtbefestigung. Über die Alte Römerstraße geht es bis zum Bärenbrunnen und zur Kreuzung Graacher Straße/Grabenstraße, an der das barock überformte **Graacher Tor** steht. Seine Mauern bergen heute das Heimatmuseum (Do–So, 15–17 Uhr).

Sonnenuhr: Kues zeigt seinen Stolz bereits mitten auf der Moselbrücke: Seit kurzem steht dort eine imposante Sonnenuhr mit dem Portrait des Nikolaus von Kues. Aufgestellt wurde sie anlässlich des 600. Geburtstages des großen Theologen, Philosophen und Wissenschaftlers, der als Sohn des Fischers und Winzers Hennen Crypffs (Krebs) 1401 in Kues zur Welt kam.

St. Nikolaus-Hospital: Cusanusstr. 2, Kues, Mo–Fr 9–12, 14–18, Sa, So

9–12 Uhr, Führungen Di 10.30, Fr 15 Uhr oder n. V. direkt vor Ort bzw. unter Tel. 065 31/22 60.
Mitte des 15. Jh. stiftete Cusanus seiner Heimatstadt am Moselufer das St. Nikolaus-Hospital als Altenheim für bedürftige Männer. An der Funktion hat sich bis heute nichts geändert. Das Wappen seiner Familie prangt über dem Portal. Das Innere der größten erhaltenen gotischen Anlage der Mosel birgt als Glanzstück die **Bibliothek** des berühmten Humanisten. Sie zählt zu den kostbarsten privaten Handschriften- und Inkunabelnsammlungen der Welt. Weitere Attraktionen sind die Kapelle mit dem herrlichen dreiflügeligen Altar, der Säulenraum, der Kreuzgang und der Konventssaal.
Fiers-Kapelle: Von der Kapelle (17. Jh.) inmitten des grünen Rebenteppichs von Kues bietet sich ein herrlicher Panorama-Blick.
Weinkulturelles Zentrum mit **Moselweinmuseum** und **Vinothek:**
16. April– 31. Okt. tgl.10–17,
1. Nov.–14. April 14–17 Uhr u. n. V., Tel. 41 41, www.bernkastel-vinothek.de, info@bernkastel-vinothek.de, Museumseintritt 2 €.
Mehr als 130 flüssige Schätze von Mosel, Saar und Ruwer stehen in der Vinothek in den historischen Gewölbekellern des St. Nikolaus-Hospitals gegen eine Pauschale von 9 € zum freien Verkosten bereit.
Cusanus-Geburtshaus: Nikolausufer 49, Tel. 065 31/28 31, 16. April–31. Okt. Di–Sa 10–12, 14.30–17, So 10–12 Uhr; 1. Nov.–14. April Di–Sa 14.30–17, So 10–12 Uhr.
Fast am Ortsausgang in Richtung Trier steht das Cusanus-Geburtshaus. Hinter seiner weißroten Zinnenfassade wurde eine Dauerausstellung zu Leben und Werk des großen Gelehrten eingerichtet. Außerdem wechselnde Kunstschauen, Konzerte und Vorträge.

Sport & Freizeit

Reitanlage Cusanushofgut: auf dem Wehlener Plateau, Tel. 065 31/911 99, Fax 065 31/911 97.
Reitanlage »St. Hubertus«: Bernkasteler Str. 2, Maring-Noviand, Tel. 065 35/75 23.
Skate- und Inline-Park: tgl. 14–19 Uhr, Tel. 065 31/911 99, SFG-BKS@t-online.de.

Feste & Unterhaltung

Weinfest der Mittelmosel: 1. Septemberwochenende mit Feuerwerk von der Burg Landshut und vom Bernkasteler Moselufer sowie farbenprächtigem Festzug.

Tourist-Information Bernkastel-Kues: Gestade 5, 54470 Bernkastel-Kues, Tel. 065 31/40 23, 065 31/40 24, Fax 065 31/79 53, www.bernkastel.de und www.bernkastel-kues.de.

Zum Kurfürsten: Amselweg 1, Tel. 065 31/96 77 0, Fax 065 31/46 25, www.zum-kurfuersten.de, info@zum-kurfuersten.de, 50–84 €. Ruhiges, neu erbautes 48-Zimmer-Haus in traditioneller Architektur am Waldrand oberhalb des Ortskerns von Kues. Sauna/Sanarium, Fitnessbereich.

In der Umgebung:
Ferienweingut Bohn:
Goldbachstr. 7, Andel, Tel. 065 31/84 43, Fax 065 31/48 07, www.feriengut-bohn.de, feriengut-bohn@t-online.de, 40–48 €.
6 komfortable Zimmer und Ferienwohnungen, umgeben von einem großen

Garten in unmittelbarer Nähe des Radwegs Trier–Koblenz. Gemütliche Gutsweinstube.

Landhotel Steffen: Moselstr. 2, Lieser, Tel. 065 31/95 70, Fax 065 31/79 26, info@landhotel-steffen.de, www.landhotel-steffen.de (im Aufbau), 58 €.
Hotel mit 125-jähriger Tradition in einem alten Weingut, kürzlich komplett renoviert. Gelungene Verbindung von Alt und Neu. Am Herd steht der Inhaber persönlich: Meisterkoch und Schubeck-Schüler Jörg Steffen.

Weinromantikhotel Richtershof: Hauptstr. 81–83, Mülheim, Tel. 065 34/94 80, Fax 065 34/94 81 00, www.weinromantikhotel.de info@weinromantikhotel.de, 200–250 €.
Eines der schönsten Hotels an der Mosel. Gelungene Symbiose von Tradition und Moderne, 44 individuell edel eingerichtete Zimmer, Tepidarium, Gourmetrestaurant.

Brauneberger Hof: Moselweinstr. 136, Brauneberg, Tel. 065 34/14 00, Fax 065 34/14 01, brauneberger-hof@t-online.de, www.braunebergerhof.de, DZ 66–82 €, Suiten 85–90 €.
Übernachten wahlweise in hell-modernen Balkonzimmern oder im nostalgischen Rahmen. Stilvoll speisen kann man hier auch – z. B. Moselaal, Feines mit Eifler Käse.

Doctor Weinstube: Hebegasse 5, Tel. 065 31/966 50, www.doctor-weinstuben.de, kein Ruhetag.
Historische Adresse, uriges Schnitzambiente. Rustikales und verfeinertes Regionales. Menü ab 15 € (3 Gänge).

Café-Confiserie Hansen: Markt 26, Tel. 065 31/22 15, www.cafehansen.de.

Das Spitzhäuschen in Bernkastel

Herrlicher Logenplatz für das Treiben vor den Fachwerksfassaden des historischen Ortszentrums. Seit 1911 in Familienbesitz. Stilvolles Interieur. Probieren Sie die Moselweintorte und die hausgemachten Rieslingpralinen. Moselweintorte 2,40 € das Stück, hausgemachte Rieslingpralinen 100g 3,60 €.

Der Ratskeller: Am Markt 30, Tel. 065 31/74 74, Di–So.

Vom Brot bis zu den Nudeln wird hier alles selbst gemacht. Rund 100 Weine auf der Karte. Menü ab 21 € (3 Gänge) mit passenden Weinen ab 28 €.

Ziele in der Umgebung

Burgruine Landshut: Entweder per pedes, mit dem Pendelbus (nur in den Sommermonaten, ab Busparkplatz jeweils zur vollen Stunde) oder mit dem Auto gelangt man zu diesem Ausguck.

Hofgut Kloster Machern:
an der Zeltinger Brücke,
Bernkastel-Wehlen,
Tel. 06 51/97 06 40,
info@klostermachern.de,
www.klostermachern.de.
Das Hofgut befindet sich bis voraussichtlich 2004 im Umbau; geöffnet sind nur die Räume des Weinguts (Tel. 065 32/95 31 75): die Probierstube, der Shop, in dem es Obstsäfte, Trester, Apfelperlwein, Viez etc. gibt; das Weinbaumuseum sowie der Likörkeller »Die Abtei«, in dem Liköre, Brände, Essige, und Öle zum Selbstabfüllen erworben werden können.

Brauneberg: Rekonstruierte Römerkelter (s. S. 108), Franziskanerinnenkloster und Weingut Klosterhof. Die Winzerfamilie Thomas-Boujong (Tel. 065 34/12 56) besitzt Teile des ehemaligen Klosterkellers und bietet dort Führungen mit Weinprobe an (5 € pro Pers.). Stilvoll einkehren und übernachten kann man im Brauneberger Hof (s. o.).

Wehlen: Wie die Weinberge von Zeltingen bergen auch die Wehlener eine historische Sonnenuhr. Sie hat dem Ort in Sachen Rebensaft Weltruhm verschafft. Seinen Reichtum beweisen eine Vielzahl historischer Weinhöfe und Villen – und nicht zuletzt die von den Bürgern 1947 gestiftete Hängebrücke über den Fluss zu ihrer Edellage.

Highlight 3

Bremm (G 3)

Mit Stolz dürfen die Bremmer behaupten, Europas steilsten Weinberg ihr Eigen zu nennen. Gut 65 % Steigung weist der Calmont (von *calidus mont* – heißer Berg) oder Kallberg, wie die Einheimischen des 950-Seelen-Ortes sagen, auf. Für die Winzer bedeutet dies Arbeit unter nahezu alpinen Bedingungen. Die gesamte Rebpflege erfolgt per Hand – Maschineneinsatz ist auf den fast senkrecht abfallenden Terrassen unmöglich. Würden die Calmont-Weine nach Qualität, Arbeits- und Kostenaufwand bezahlt, gehörten sie zu den teuersten der Welt.

Sehenswert

Ortsbild: Vom Ortskern mit seinen auf vier Längs- und zwei Quergassen verteilten historischen Fachwerkhäusern (das berühmteste ist das **Storchenhaus**), brunnenbestandenen Plätzen und der dominanten Silhouette der spätgotischen **Laurentiuskirche,** die einen meisterlichen Barockaltar birgt, führt ein Wanderweg zur Spitze des 380 m hohen **Calmont.** Vom Gipfelkreuz bietet sich eine herrliche Aussicht auf die enge Schleife, die die Mosel bei Bremm beschreibt und auf die wie ein gestrandetes Schiff in ihr liegende **Ruine der Klosterkirche Stuben.** Gegründet wurde das Augustinerinnenstift Stuben im 12. Jh. 1208 brachte Ritter Heinrich von Ulmen dem Kloster eine wertvolle Reliquie in Form eines griechischen Doppelkreuzes mit Partikeln des heiligen Kreuzes von Jesu, die so genannte Staurothek. Bis 1789 blieb das Meisterwerk byzantinischer Goldschmiedekunst bei den Augustinerinnen, dann fand sie ihren sicheren Platz im Domschatz von Limburg. Das Doppelkreuz zierte ab dem 13. Jh. alle Besitztümer des Klosters. An einigen Häusern in Bremm ist es bis heute zu sehen. 1685 wurde die baufällige Klosterkirche mit Kreuzkapelle abgerissen und ein spätgotischer Neubau errichtet.

Sport & Freizeit

Fahrrad- und Kanuverleih: Krause, Moselstr. 23, Tel. 026 75/91 18 42.
Schwimmen: Vor der Klosterruine Stuben öffnet sich ein beliebter kleiner Sandstrand.
Drachenfliegen: Start ist der Gipfel des Calmont, wegen der schwierigen Landeverhältnisse dürfen Piloten nur fliegen nach vorheriger Einweisung durch den Geländehalter Rudolf Schmitz, Tel. 026 51/80 02-202 (Büro), 026 51/90 02 64 (privat), 01 71/311 92 21, ruschmi@vr-web.de
Ballonfahrten: Ross Carter, Auf der Teusch 1, St. Aldegund, Tel. 065 42/212 74

Feste & Unterhaltung

Waldfest am 2. Wochenende im Juli, **Weinfest** am 1. Sonntag im Sept., **Weinkirmes** Mitte Aug.

Tourist-Information: Moselstr. 27, 56814 Bremm, Tel. 026 75/370, Fax 026 75/16 10, www.bremm-mosel.de, info@bremm-mosel.de.

Öko-Weingut Laurentiushof Thomas Franzen-Martiny: Gartenstr. 13, Tel. 026 75/508, Fax 026 75/91 02 85, 36–48 € (2–4 Pers.).
Ferienwohnung mit 2 DZ, großer Wohnküche und 60 m² Dachterrasse.
Weinhaus Berg: Moselweinstr. 39, Tel. 026 75/301, Fax 026 75/16 47, wberg@weinhausberg.de, www.weinhaus-berg.de, 52–59 €.
Familiäre Atmosphare, gemütliche Zimmer nur mit Dusche. Teilweise Balkon zur Gartenterrasse. Gutes Restaurant.

Köstliche Souvenirs vom Bauern

90 Bauernhöfe haben sich zum Verein Direktvermarkter landwirtschaftlicher Produkte Eifel-Mosel-Saar e. V. zusammengeschlossen. Sie bieten regionale Köstlichkeiten vom Apfelessig bis zum Ziegenkäse. Der Einkaufsführer der Direktvermarkter ist an jeder Tourist-Information zu bekommen. Oder über das Infotelefon und die Homepage des Vereins. Dort gibt es zudem den aktuellen Bauernmarkt- und Hoffestkalender (jeweils gegen Einsendung des Portos, Tel. 065 61/94 07 93/95, Mo–Fr 9–13, 14–16 Uhr, www.genuss-vom-hof.de).

Weingut Fischer: Kirchstr. 17, Tel./Fax 026 75/570, info@fischers-weingut.de, 1. Juli–1. Nov. tgl. ab 18 Uhr.
Straußwirtschaft, Winzerplatte, selbst gemachtes Griebenschmalz, Zwiebelkuchen im Herbst. Speisen ab 4 €.

Ziele in der Umgebung

St. Aldegund: Die Christopherusstraße bietet herrliche Beispiele moselländischer Fachwerkkunst – vom einfachen, konstruktiven Fachwerk des 15./16. Jh. über spätgotische Formen und Renaissance-Stil bis hin zum Spätbarock. Berühmt ist auch das älteste frühchristliche Grab an der Mosel, das bei St. Aldegund gefunden wurde und kunstvoll gestaltete Glasgefäße aus dem 4. Jh. barg.

Neef: Ofen- und Puppenmuseum, Tel. 065 42/221 54. Aussichtspunkt »Eulenköpfchen« s. u.

Highlight 4

»Eulenköpfchen«: Von dem Aussichtspunkt auf dem Petersberg, oberhalb des Moselortes Neef, genießt man einen grandiosen »dreifachen Moselblick« über die gesamte Bremmer Moselschleife bis hin zum Prinzenkopf im Zeller Hamm. Sehenswert ist hier oben auch die **Peterskapelle** (12. Jh., im 16. Jh. erneuert) mit ihrem alten Bergfriedhof.

Cochem (G 2)

»Schmandelecker« heißen die Cochemer im Volksmund. Die Legende erzählt, sie seien zu diesem Namen gekommen, weil sie bei ihren Marienwallfahrten auf den Valwiger Berg stets ihre Finger in die unterwegs auf den Fenstersimsen stehenden irdenen Töpfe mit frischem Rahm (Schmand) stippten und ihn verstohlen ableckten. Inzwischen saugen die Einheimischen Honig vor allem aus dem Tourismus. Ihre Stadt (6200 Einwohner) ist das wichtigste Fremdenverkehrszentrum der Untermosel. Bis zu dreimal so viele Gäste wie Einwohner drängen sich in den Ferienmonaten durch die malerischen Altstadtgassen zu Füßen der Burg, die Parkplätze am Flussufer sind rasch besetzt. Wer Cochem – das erstmals 866 als Villa Cuchema urkundlich erwähnt wird – in Ruhe erleben möchte, muss frühmorgens aus den Federn oder im Winter kommen. Doch der Fremdenverkehr ist für die Stadt kein neues Phänomen: Bereits zu Beginn des 19. Jh. wundert sich ein Reiseschriftsteller darüber, dass »Cochem ebenso viele Wein- und Bierschenken als Breslau« besitzt. Nach dem Sturm der Franzosen, die von ihrer Festung Mont Royal aus auch Cochem in Schutt und Asche legten, entwickelte sich die Stadt allmählich immer mehr zu einem Zentrum des Handwerks und des Handels. Die Entwicklung zum ersten Fremdenverkehrsort an der Mosel setzte dann in den 30er Jahren des 20. Jh. ein.

Sehenswert

Stadtbild: Der **Marktplatz** von Cochem mit seinen alten Giebelhäusern und dem barocken Erkerrathaus erinnert an die Zeiten, als Kaiser Maximilian sich in der Stadt wohl fühlte. Überragt wird das Ensemble von der **Martinskirche** mit ihrer barocken Turmhaube; im ehemaligen **Kapuzinerkloster** ist heute ein Kulturzentrum untergebracht.

Reichsburg: Tel. 026 71/255, www.reichsburg-cochem.de, 15. März–15. Nov. tgl. 9–17, 24. Dez.–1. Jan. tgl. 11–15 Uhr; Führungen nach Bedarf, Dauer ca. 40 Min. 4 €; Fußweg von der Stadtmitte ca. 15 Min.; auch Shuttlebus-Verbindung. Eine neue Attraktion der Reichsburg Cochem sind die täglichen Flugvorführungen und Besichtigungen verschiedener gezüchteter Greifvögel (11, 13, 15.30 Uhr, 2 €).

Hoch auf dem Felsen über der Stadt thront als besonders schönes und wiederhergestelltes Beispiel für die vielen Burgen des Moseltals die Reichsburg. Erbaut wurde die Anlage um 1000 wahrscheinlich vom rheinischen Pfalzgrafen Ehrenfried, dem Schwager von Kaiser Otto. 1151 erhoben sie die

Reichsburg Cochem

Staufer zur Reichsburg. Ende des 12. Jh. verpfändete König Adolf von Nassau-Cochem seine Burg an das Trierer Erzbistum. Damit beginnt die Blütezeit des Ortes. Bald darauf erhält er das Stadtrecht (1332) und wird befestigt. Nach der Zerstörung durch die Franzosen 1689 baute man die Burg 1868 wieder auf.

Peterskapelle: Westlich am Burgberg gemahnt die Kapelle an die Pestjahre 1423–25.

Relikte mittelalterlicher Stadtbefestigung: Auf Flussniveau stehen Balduin- und Enderttor.

Kaiser-Wilhelm-Tunnel: Ein Zeugnis des beginnenden Industriezeitalters ist der 1877 eröffnete Tunnel. Mit seinen 4,2 km war er bis in die 80er Jahre des 20. Jh. hinein der längste Deutschlands.

Pinner Kreuz: Aussichtspunkt (238 m), erreichbar per Sessellift (4 €, Hin- und Rückticket 5,50 €). Talstation: Endertstr. 44, von der Moselstraße aus der Beschilderung zur A 48 Kaisersesch folgen, ca. 300 m hinter der Eisenbahnbrücke auf der rechten Seite (kostenloser Parkplatz), April–Mitte Nov. tgl.

Historische Senfmühle: Stadionstr. 1, Cochem-Cond, Tel. 026 71/60 76 65, www.senfmuehle.net, Führungen tgl. 11, 14, 15, 16 Uhr bzw. nach Vereinbarung, 2 €. Senfmüller Wolfgang Steffens erzeugt hier mit Mühlengerät aus dem frühen 19. Jh. Senf wie zu Urgroßmutters Zeiten.

Sport & Freizeit

Freizeitzentrum Cochem: Moritzburgerstr. 1, Tel. 026 71/979 90, www.

moselbad.de, tgl. 10–19/20 (nur Freibad) bzw. 9/10–20/22 Uhr, Sa, So, feiertags nur bis 19 Uhr (Hallenwellenbad und Kinderland), Sauna Mo–Fr 14–22, Sa, So, feiertags 10–19 Uhr.

Freizeitpark Klotten: Anfahrt ausgeschildert, auch zu Fuß vom Gipfel des Pinner Kreuzes erreichbar, Tel. 026 71/ 76 60, www.freizeitpark-klotten.de, Ostern–Ende Okt. tgl. 9–18 Uhr. Riesenrutschen, Kometenschaukel und andere Fun-Geräte sowie diverse Freigehege mit exotischen und einheimischen Wildtierarten inmitten einer urwüchsigen Waldlandschaft auf einem Bergrücken zwischen Klotten und Cochem.

Planwagenfahrten durch die Weinberge: Weingut Gilles-Knobloch, Moselstr. 15, Tel. 026 71/51 78. Planwagenfahrten rund um Senheim. Gasthaus Kellerchen, Altmai 29, Senheim, Tel. 026 73/43 40, gasthaus_kellerchen @web.de, verschiedene Fahrten um Senheim ab 10 Pers., u. a. mit Musik, Winzervesper oder Spießbratenessen.

Radfahren: Verleih Radsport Elmar Schrauth, Endertstr. 41, Tel. 026 71/ 79 74.

Schiffsfahrten: Tel. 026 71/600 40 oder 026 73/15 15. Moselrundfahrten (1 oder 1,5 Std.), Schleusenfahrt, Tagesausflug nach Traben-Trarbach oder Abendfahrt.

Themenführungen u. a. »Von Hirschen, Böcken und anderen Käfern« und ins Steinofendorf Ernst, wo Brot gebacken wird. Info über Tourist-Information Cochem.

Feste & Unterhaltung

Orgeltage (alljährlich im Frühjahr), **Moselweinwoche** (um Himmelfahrt/ Pfingsten), **Burgfest** (1. Augustwochenende), **Heimat- und Weinfest** (Ende Aug.), **Federweißenfest** (Anfang Nov.), **Fest des neuen Weins** (Mitte Nov.).

Tourist-Information Ferienland Cochem: Endertplatz 1, 56812 Cochem, Tel. 026 71/600 40, Fax 026 71/60 04 44 und 026 71/ 60 04 11, Zimmerinfo 24 Std.-Tel. 026 71/194 12, verkehrsamt.cochem@lcoc.de, www.cochem.de.

Waldhotel zur Winneburg: Endertstr. 141, Tel. 026 71/ 987 30, Fax 026 71/45 23, www.hotel-zur-winneburg.de, 55–86 €. Abseits der Stadt, am Eingang des Enderttales. Schnörkellos helle, freundliche Zimmer, Fahrrad- und Rollerverleih.

Villa Tummelchen: Schloßstr. 22, Tel. 026 71/91 05 20, Fax 026 71/ 91 05 21, info@moselpension.de, www.villa-tummelchen.com, 64–84 €. 1999 eröffnetes Gästehaus nur wenige Spazierminuten unterhalb der Burg. Zimmer z. T. mit modernem Himmelbett.

Burghotel: Moselpromenade 23, Tel. 026 71/71 17, 026 71/13 17, Fax 026 71/83 36, www.burghotel-cochem-mosel.de, info@burghotel-cochem-mosel.de, 50–120 €. Klassisches, komfortables Haus an der Uferfront der Altstadt.

Parkhotel Landenberg: Sehler Anlage 1, Cochem-Sehl, Tel. 026 71/ 71 10, 026 71/30 43, Fax 026 71/ 83 79, www.parkhotel-cochem.de, Parkhotel-Landenberg@t-online.de, 66–130 €.

3-Sterne-Haus mit Hallenbad, Sauna, nostalgischen Zimmern, Restaurant und Weinen aus eigenem Anbau.

In der Umgebung:

Hotel-Restaurant Pollmanns: Moselstr. 54, Ernst, Tel. 026 71/86 83,

Fax 026 71/56 46, www.hotel-pollmanns.de, 65–72 €.
Vor allem die Appartements und Ferienwohnungen im ehemaligen Winzerhaus sind sehr geschmackvoll und großzügig eingerichtet. Engagierte Küche.

Moseltal-Jugendherberge:
Klottener Str. 9, Cochem-Cond,
Tel. 026 71/86 33, Fax 026 71/85 68,
jh-cochem@djh-info.de, 1er-, 2er- und 4er-Zimmer mit Dusche/WC, pro Person Ü/F 16,60–21,80 €.

Campingplatz:
Am Freizeitzentrum Cond, Stadionstr.,
Tel. 026 71/44 09, kurz vor Ostern–31. Okt., Stellplatz 6,50 €, Erw./Tag 4 €, Kinder/Tag (bis 11 Jahre) 3 €, Mindestaufenthalt 2 Tage.
Direkt am Moselufer, 50 m vom Moselbad entfernt. Bootsanleger, Angelsportmöglichkeiten.

Alte Gutsschänke: Schloßstr. 6, Tel. 026 71/89 50, Di–So.
Viele Cochemer kehren hier auf ein Gläschen Wein ein. Riesling-Käse für 3,90 €.
Zum Stüffje: Oberbachgasse 14,
Tel. 026 71/72 60, Mi–Mo.
Alt-Cochemer Lokal mit historischem Charme und gutbürgerlichen Gerichten. Hauptgerichte ab 8 €.
Lohspeicher: Obergasse 1,
Tel. 026 71/39 76,
Fax 026 71/17 72,
Do–Di.
Gepflegte Küche mit ausschließlich frischen Produkten in historischen Räumen unmittelbar am Marktplatz. Praline von der Gänseleber mit Apfel-Honig-Salat 14,90 €, Menü 54 € (4 Gänge) und 77 € (6 Gänge).

Alte Thorschenke: Brückenstr. 3,
Tel. 026 71/70 59, 026 71/39 31,
Fax 026 71/42 02, durchgehend bis ca. 22.30 Uhr geöffnet, zurzeit kein Ruhetag.
Uriges Restaurant mit Wildgerichten aus eigener Jagd, Eifelgebirgsforellen, Moselaal, Weine aus dem Stammhaus in Ediger-Eller. Eifeler Wildragout 14 €.

In der Umgebung:
Gasthaus zur Post: Bahnhofstr. 24, Klotten, Tel. 026 71/71 16,
Fax 026 71/13 11,
info@hotelzurpost-klotten.de,
www.hotelzurpost-klotten.de,
Fr–Mi.
Anspruchsvoll interpretierte moseltypische wie internationale Küche. Probieren Sie das Tresterfleisch und den Eifelziegenkäse vom Biobauern sowie den Moselsherry. Exzellente Weinkarte. Tresterfleisch 13,80 €.
Weinhaus Lenz Moselstr. 11,
Briedern, Tel. 02673/16 59,
www.weinhaus-lenz.de, kein fester Ruhetag.
Gebäudeensemble am Moselufer mit eigenem Bootsanlegesteg. Spezialität: Fischgerichte. Fangfrische Forelle Müllerin aus eigenem Weiher mit Butter in Kräutern gebraten 12 €.

Ziele in der Umgebung

Ruine Winneburg: Stammsitz der Metternichs, wenige Kilometer nördlich von Cochem.
Viermal im Jahr finden dort im Sommer Ritterrunden mit Musik und traditionellen Speisen statt; für Erwachsene abends, für Kinder ab 14 Uhr, Infos über die Tourist-Information Ferienland Cochem.
Klotten: Inmitten schöner Weinhöfe steht die letzte gotische Moselkirche (1867 erweitert).

Kirche von Ediger

Ediger-Eller (G 3)

Rothenburg ob der Tauber wird gern als Vergleich herangezogen, wenn von Ediger die Rede ist. Die ersten bedeutenden Siedler waren Kelten, die dem Ort auch seinen Namen gaben: *ethegreia,* zu Deutsch: Sandufer. Eller ist ebenfalls keltischen Ursprungs; die Reste der Fliehburg auf dem Hochkessel zeugen davon. In merowingischer Zeit war es ein Königshof. Die dem hl. Hilarius geweihte Kirche wurde Mutterkirche einer weitläufigen Pfarrei. Im 12. Jh. verlor Eller einen Teil seiner Bedeutung an das vorher kleinere Ediger. Von dessen Bedeutung und Reichtum zeugen noch heute die vielen Fachwerkhäuser aus dem 16., 17. und 18. Jh. Kaum ein anderer Moselort besitzt ein derart geschlossenes Ensemble von Kloster- und Adelshöfen, Winzerhäusern und religiösen Monumenten. Auch die Stadtmauer mit Türmen aus dem 14. Jh. ist weitgehend erhalten.

Sehenswert

Ediger

Alt-Ediger: In der Oberbachstraße stehen einige der schönsten Fachwerkhäuser der Mosel (16. u. 17. Jh.).

Pfarrkirche St. Martin: Zweischiffige Kirche mit Sterngewölbe, romanischem Taufstein, barockem Altar und Stumm-

orgel sowie herrlichem gotischen Turm.
Kreuz-Kapelle: Von St. Martin führt ein farbenfroher Kreuzweg zur Kreuz-Kapelle mit dem Reliefbild »Christus in der Kelter« (16. Jh.), Vorbild für viele Darstellungen, die das Leiden Christi mit dem Handwerk der Winzer in Verbindung bringen.

Eller
St. Hillarius-Kirche: Romanischer Turm, historische Glocken. Kirchenschiff (1718 erneuert) mit schöner Barokkausstattung.
St. Rochus-Kapelle (früher St. Arnulfs-Kapelle): um 1510 erbaut. An der Südseite des Chores schlichtes Wandfresko (»Ostentatio Christi«, 16. Jh.) nach einer Vorlage Martin Schongauers.
Hofhäuser/Fachwerkbauten: Brunnenstraße – u. a. Zehnthaus (13. Jh.), Stubener Hof, Hofhaus von Pyrmont (14. Jh.) und Daunerhof (15. Jh.). Moselweinstraße: Hofhaus von Kurtrier und Külwer Haus (beide 16. Jh.).

Verkehrsamt Moselkrampen: Moselweinstr./Pelzer Str. 1, 56814 Ediger-Eller, Tel. 026 75/13 44 oder 026 75/742, Fax 026 75/16 43, www.ediger-eller.de.

Sport & Freizeit

Kulturbüro »officina«:
Tel. 026 75/344 oder 026 75/255, www.mosel-event.de.
Römische Festmähler, Gruppenwanderungen in den Calmont (s. S. 46) mit Picknick, Führungen durch die Unterwelt und durch die Stadtmauern von Alt-Ediger.

Hotel zum Löwen: Moselweinstr. 23, Tel. 026 75/208, Fax 026 75/214, www.mosel-hotel-loewen.de, DZ 67–102 €.
Bereits 1840 als Hotel erbaut, jetzt in der dritten Familiengeneration Saffenreuther geführt. Gourmetrestaurant. Eigene Jagd.
Mosel-Landhaus:
Moselweinstr. 61–63,
Tel. 026 75/232,
Fax 026 75/15 70,
www.mosellandhaus-hotel-oster.de,
DZ 64–69 €, Suite 92 €.
Korbmöbel und an den Wänden moderne Klassiker in einem restaurierten historischen Gebäude.

Haus Christoffel: Hochstr. 24, Tel. 026 75/255, Do–Mo.
Gehobene bürgerliche Küche. Menü ab 12 €; römisches Festmahl 25 € (nur auf Vorbestellung).
Straußwirtschaft Zenz:
Hochstr. 29, Tel. 026 75/384 , www.gutshof-zenz.de, Ende Mai–Anfang Juni u. Aug.–Anfang Nov. Di–Fr ab 18 Uhr (ab Mitte Sept. ab 14 Uhr), Sa/So ab 15 Uhr.
Stilvoller Bruchsteinkeller und mediterraner Weingartenhof. Herzhafte Kleinigkeiten aus der Winzerküche 3–8 €. Zum Gutshof gehören auch eine Edelobstbrennerei (u. a. Destillat von rotem Weinbergpfirsich) sowie fünf moderne Ferienwohnungen.

Enkirch (G 4)

»Schatzkammer rheinischer Dorfbaukunst« nennt sich das 2000-Seelen-Dorf. In seinen Gassen findet sich eine beeindruckende Vielzahl gut erhaltener und liebevoll restaurierter Fachwerkbauten aus dem 15. bis 18. Jh. Auch Teile der historischen Ringmauer und der alten Ortsbefestigung sind erhalten. Mindestens seit keltischer Zeit war Enkirch besiedelt. Aus römischer Zeit fand

Steillagen-Wanderweg Enkirch

Auf alten Weinbergspfaden führt der beschilderte Wanderweg von der Straße »Zum Zeppwingert« durch die Weinlagen »Enkircher Zeppwingert« und »Enkircher Ellergrub« auf den Kirster Grat, von dem man über den Moselhöhenweg (Markierung M) zurück nach Enkirch oder weiter nach Starkenburg gehen kann. Auf der Wanderung lassen sich die extremen Arbeitsbedingungen der Winzer nachvollziehen, denn die Hangneigung beträgt hier bis zu 70 %. Herrliche Ausblicke ins Moseltal bieten sich von einigen Ruhebänken (Gehzeit ca. 1,5 Std.).

man Säulen und Tempelreste. Erstmals urkundlich erwähnt wurde der Ort 733 als Anchiriacum im Testament der Adela, der merowingischen Gründerin des Klosters Pfalzel. Im Mittelalter gelangte er in den Besitz der Grafen von Sponheim, die die Starkenburg bauten. Enkirch war damals der Hauptort der Grafschaft und erhielt deshalb bereits 1248 den Freiheitsbrief mit Stadt- und Marktrechten sowie eigener Gerichtsbarkeit.

Sehenswert

Wein- und Priestergasse, Sponheimer Straße: Besonders schöne Weinhöfe und Fachwerkhäuser. Interessant sind vor allem das »Kriegerische Haus« und der »Drilles im Spilles« (käfigartiger ehemaliger Pranger).

Pfarrkirche: Den Hof des schlichten, schon 908 als Wehrkirche erwähnten Gotteshauses beschattet eine Linde, die 1883 zum 400. Geburtstag Luthers gepflanzt wurde.

Enkircher Heimatstuben: Weingasse 22, Ostern–Nov. Fr 18–19 Uhr, Sa 17–19, So 11–12 Uhr.
Funde aus der Früh-, Kelten- und Römerzeit sowie zum historischen Alltag des Ortes.

Schnapsmuseum: Am Steffensberg 80, www.schnapsmuseum-enkirch.de, Di–So 10–20 Uhr. Neues Museum mit Erlebnisführung.

Ruine Starkenburg: Vom einstigen Stammsitz der Grafen von Sponheim bietet sich ein prächtiger Ausblick auf Moseltal und Flussschleife.

Sport & Freizeit

Trike-Verleih: Moni's Trike Dreams, Im alten Tal 15, Tel. 065 41/81 19 57.

Angeln: an der Mosel im Bereich der Stauhaltung Enkirch möglich. Angelscheine und Angelzubehör bei Bartz, Schottstr. 85 in Traben-Trarbach.

Einkaufen

Weingut Carl August Immich-Batterieberg: Im Alten Tal 2, Tel. 065 41/830 50, Fax 065 41/ 83 05 16, www.batterieberg.de.

Tourist-Information Enkirch: Brunnenplatz 2, 56850 Enkirch, Tel. 065 41/92 65, www.enkirch.de.

Ferienwohnung Uwe Schlechter: Am Wallgraben 20, Tel. 065 41/38 79, www.im-gruenen-wohnen.de, 204–240 € pro Woche.
Ruhige, kinderfreundliche Unterkunft (ca. 40 m^2) mit Garten, Innenhof, Spiel- und Grillplatz, Teich.

Landgasthof »Zur Sonne«: Sonnenstraße, Tel. 065 41/15 65, Fax 065 41/12 89, www.zur-sonne-

enkirch.de, DZ 38–50 €.
Familien- und radfahrer- bzw. bikerfreundliche 18-Zimmer-Unterkunft.

Moselromantik-Hotel »Dampfmühle«: Am Steffensberg 80, Tel. 06541/813950, Fax 06541/4904, www.dampfmuehle-enkirch.de, DZ 62–68 €.
Gepflegtes Familienhotel (31 Betten) mit großer Liegewiese, beheiztem Freibad, eigenem Weingut, Fahrradverleih.

Ratsweinschenke: Weingasse 20, Tel. 06541/1052 und 06541/2548, Mo, Di, Do ab 17 Uhr, Fr ab 16 Uhr, Sa/So ab 11 Uhr, Mi geschlossen.
Mehr als 100 Weinsorten aus Enkircher Lagen; dazu Käsebrot, Sülze, geräucherte Forelle (4–10 €).

Sponheimer Hof: Sponheimerstr. 19–23, Tel. 06541/6628, Fax 06541/1043, www.sponheimer-hof.de, Di geschlossen.
Regionalkost und Speisen nach den Prinzipien der Hildegard von Bingen, 6–13 €.

Gasthaus Loosen: Bahnhofstr. 6 u. 13, Tel. 06541/6328, Fax 06541/4868, www.hotel-loosen.de, April–Nov. tgl. 10–22, Mi ab 17 Uhr.
Regionales von Wild bis Tresterfleisch. Scheunen-Ambiente, Biergarten, Speisen 7–14 €.

Kobern-Gondorf (J 1)

Kaum anderswo an der Mosel liegen Vergangenheit und Gegenwart so eng beieinander wie in diesem Ort mit 3250 Einwohnern: Mit dem Zug oder Auto fährt der Besucher auf dem linken Flussufer mitten durch die historische Wasserburg. Zu Füßen des mittelalterlichen Stammsitzes der Fürsten von Leyen führt heute eine schmale Rampe hinab zum Wasser; Kanufahrer besteigen hier ihre Boote. Radfahrer flitzen derweil auf dem Uferweg entlang, die Köpfe vergebens hinaufgereckt zum benachbarten Schloss, dem erst im 19. Jh. erbauten Sitz der Barone von Liebig. Sie müssten schon hinüberfahren ins fachwerkreiche Niederfell, denn vom dortigen Ufer bietet sich der beste Blick auf den Burgberg Gondorfs. Direkt auf der Brückenmitte lohnt ebenfalls der Halt – von hier schaut man sehr schön hinein ins Moseltal und hinauf zu den markanten Wahrzeichen von Kobern: der Matthiaskapelle und der Ruine Oberburg.

Sehenswert

Stadtbild: 980 n. Chr. wurde der Weinort Kobern erstmals urkundlich erwähnt, doch seine Geschichte reicht deutlich weiter zurück. Das beweisen unzählige antike Funde (Gräber, Tonwaren und Wohngebäude) längs der ehemaligen Römerstraße zwischen Kobern und Gondorf. Kaiser Maximilian machte auf seiner Reise zum Reichstag in Trier in Gondorf Station, um den hl. Lubentius zu ehren, einen der ersten christlichen Missionare im Moselland (4. Jh.). Die neuromanische **Stadtkirche** trägt seinen Namen.

Highlight 5

Das Herz von Kobern schlägt am **Marktplatz** mit dem Tatzelwurmbrunnen und den Fachwerkhäusern des 17. und 18. Jh. In der Peterstraße steht das **Burghaus der Herren von Kobern,** ein mehr als 500 Jahre alter Wohnturm, und in der Kirchstraße befindet sich an der Adresse Nr. 1 der wohl älteste ori-

Matthiaskapelle über Kobern

ginale Fachwerkbau der Mosel, wenn nicht gar Deutschlands: die auf das Jahr 1321 datierte **»Alte Abtei«/Haus Simonis.**

Matthiaskapelle/Oberburg/Niederburg: Ein steiler Fußweg führt vom Marktplatz hinauf zu den beiden Koberner Burgen und der Kapelle. Matthiaskapelle: 1. April–Allerheiligen So, feiertags 11–17 Uhr, Führungen, Voranmeldung bei der Tourist-Information. Sechsmal im Jahr finden hier auch Konzerte statt.

Die romanische Matthiaskapelle mit ihrem sechseckigen Zentralbau gehört zu den schönsten Baudenkmälern der Mosel-/Rheinregion. Ursprünglich wurde in ihr das angebliche Haupt des Apostels Matthias aufbewahrt. Neben ihrer im Dreiviertelkreis angefügten Apsis reckt sich der Turm der Oberburg/Alten Burg. Sie war seit dem Jahr 1000 Stammsitz der Herren von Kobern. Eine Nebenlinie des Grafengeschlechts ließ etwas später die Niederburg errichten, die nur noch als Ruine erhalten ist.

Feste & Unterhaltung

Historisches Wein- und Burgenfest (Anfang Juli)

Verkehrsamt: Lennigstr. 12–14, 56330 Kobern-Gondorf, Tel. 026 07/194 33.

Tourist- und Kultur-Information: Kirchstr. 1, Tel. 026 07/194 33, Fax 026 07/40 45, www.kobern-gondorf.de.

Landhaus Julia: Beatrix Halter, Im Geispfad 13, Gondorf, Tel/Fax. 026 07/18 95, www.landhaus-julia.de, 80 €.
Vier helle, modern möblierte Dachzimmer.

Kastorschänke: Fährstr. 20, Tel. 026 07/97 20 37, Fax 026 07/97 20 38, www.kastorschaenke.de, kastorschaenke@web.de, 40–70 €.
In der Ortsmitte; einfach.

Marienhof: Römerstr. 7, Tel. 026 07/45 93, Fax 026 07/18 60, ab 46 €.

Romantische Übernachtungsmöglichkeit oberhalb der Burg.
Hotel Simonis: Marktplatz 4, Tel. 026 07/203, Fax 026 07/204, www.simonis-kobern.de, 74–94 €. Zentral gelegenes Dreisternehaus mit modernem Komfort.

Weingut Freiherr von Schleinitz: Kirchstr. 17, Tel. 026 07/96 02 36, 026 07/97 20 20, www.vonschleinitz.com, Mo und Mi–Sa ab 17, So ab 11 Uhr. Gutsausschank mit ländlicher Küche, passend zum Wein, von der Ofenkartoffel bis zum Winzerragout. Speisen ab 4,50 €.
Alte Mühle Höreth: Mühlental 17, Tel. 026 07/64 74, www.alte-muehle-hoereth.de, Mo–Fr ab 17, Sa, So, feiertags ab 12 Uhr.
Frische moselfränkische Küche und Saisonspezialitäten im romantischen Ambiente einer mittelalterlichen Mühle. 10 »Kammern« zum Übernachten. Hauptgerichte ab 18 €, Menü ab 34 €.
Restaurant Jean Marais: Schloss Liebig, Tel. 026 07/86 11, Fax 026 07/96 18 07, www.jp-marais.de, jp@jp-marais.de, Mi–So.
Französisches Restaurant (Lammcarré mit Provencekräutern, *Terrine de foie gras*). Jeden 1. Do im Monat Möglichkeit zum Mitkochen (78 €). Menü ab 48 € (4 Gänge).

In der Umgebung:
Hotel-Restaurant »Burg Thurant«: Moselstr. 16, Alken, Tel. 026 05/35 81, Fax 026 05/21 52, info@kopowski.de, www.kopowski.de, Mo geschlossen. Feine Adresse mit urigem Gastraum und Turmstübchen. Maifelder Entenbrust 17 €, Moselaal 19,50 €, Menü ab 27 €. Nette Zimmer (80 €).

Ziele in der Umgebung

Hatzenport (H 2): Der alte Weinort mit einer kleinen Kirche aus dem 13. Jh. inmitten von Weinbergen und einem alten Fährturm am Moselufer ist einen Abstecher wert. Oberhalb von Hatzenport steht die Ruine Bischofstein (12. Jh.), die jedoch nicht zugänglich ist.
Burg Thurant in Alken (J 1/2): Ganzjährig Burgbesichtigung und Burgführung auf Anfrage, Tel. 026 05/35 81. In dem alten Gemäuer ist inzwischen das feine Hotel-Restaurant »Burg Thurant« untergebracht (s. o.).

Highlight 6

Koblenz (J 1)

Wer als Tourist in die historische Garnisonsstadt kommt (heute 109 000 Einwohner), lenkt seine Schritte gewöhnlich zuerst zum Deutschen Eck. Besucher aus aller Welt drängeln sich zu Füßen des mächtigen Kaiserdenkmals, die Kameras klicken selbst bei bewölktem Himmel unaufhörlich. Hinter dem Zusammenfluss von Rhein und Mosel – *fluvii confluentes* nannten die Römer diese Stelle, aus der sich der Name Koblenz ableitet – drängt sich im Westen bis zur Moselbrücke die eher ruhige, nach den Bombenschäden des Zweiten Weltkriegs weitgehend rekonstruierte Altstadt mit ihren engen Gassen und intimen Plätzen. Hier errichteten die Römer kurz vor Christi Geburt ein Lager für ihre Hilfstruppen.

Von den Höhen des gegenüberliegenden Gestades grüßt majestätisch die mittelalterliche Festung Ehrenbreitstein. In ihrem Schatten wurden sowohl der Dichter Clemens von Brentano geboren als auch Maria Magdalena Keverich, die Mutter Beethovens.

Die Koblenzer tragen übrigens den schönen Spitznamen »Schängelcher« – abgeleitet vom französischen Vornamen Jean und Synonym für »unerschrockener Bengel«. Denn als solche verstehen sie sich voller Stolz – vor allem, wenn es um ihr Verhältnis zur Obrigkeit geht. Zu Beginn des 20. Jh. erhielt »Dat Kowelenzer Schängelche« sogar ein eigenes Lied mit gleichem Titel – quasi die Koblenzer »Nationalhymne«. Wer echte Schängeltöne hören möchte, der sollte das Koblenzer Altstadtfest besuchen.

Sehenswert

Deutsches Eck: Am besten beginnt man den Stadtrundgang am Deutschen Eck, am Mündungsdreieck von Rhein und Mosel, mit dem **Kaiser-Wilhelm-Denkmal** (1897), das nach Kriegszerstörung erst 1993 wieder errichtet wurde.

Deutscher Kaiser: Kastorstr. 3.
Am Moselufer entlang, vorbei an der Seitenfassade des Palais von der Leyen, in Richtung Balduinbrücke (sie war die erste steinerne Moselbrücke und bietet einen auch von Malern immer wieder festgehaltenen schönen Blick auf die Altstadt), fällt bald der schon etwas krumme Deutsche Kaiser auf, ein Wohnturm aus dem 16. Jh. Er beherbergt das älteste Gasthaus der Stadt.

Florinskirche: am Florinsmarkt.
An der Ostseite des Florinsmarktes erhebt sich die doppeltürmige Florinskirche (11./12. Jh.), ursprünglich geistiges Zentrum eines bedeutenden Stifts, an dem u. a. Nicolaus Cusanus das Probstamt innehatte. Sie besitzt herrliche mittelalterliche Wandmalereien und kostbare gotische Glasfenster.

Kauf- und Schöffenhaus: Florinsmarkt 15, Öffnungszeiten s. Mittelrhein-Museum.
Parallel zum Fluss steht auf dem Florinsmarkt das 1419–25 erbaute Haus, in dem heute das Mittelrhein-Museum (s. u.) untergebracht ist. Die Fassade ziert der »Augenroller«, eine schwarze Männerfratze, die (da mit dem Pendel einer Uhr verbunden) die Augen rollt und zur vollen Stunde die Zunge herausstreckt. Sie erinnert an das Schöffensiegel, das sich die Koblenzer im Mittelalter bei ihren – allerdings nur für kurze Zeit erfolgreichen – Bestrebungen nach Unabhängigkeit von den Trierer Erzbischöfen prägen ließen.

Am Münzplatz: Ein weiterer Augenroller ist hinter der auf römischen Fundamenten erbauten **Alten Burg** (ehemalige Hauptresidenz vieler Trierer Erzbischöfe und Kurfürsten) an einem Haus am Münzplatz zu sehen. Seit dem 11. Jh. wurde hier ein Großteil des Trierer Geldes geprägt. Die genaue Stelle

markiert das **Münzmeisterhaus** (18. Jh.; nur von außen zu besichtigen). Zwei humorige Bronzeplastiken erinnern davor an Koblenzer Originale. Am Westrand des großen Areals erhebt sich das **Stadtpalais** der bedeutenden rheinischen Adelsfamilie Metternich (heute Ausstellungshalle, Wechselausstellungen, Tel. 02 61/300 21 20).

Rund um den Plan: Durch die Gemüsegasse gelangt man zur **Liebfrauenkirche.** Sie steht auf den Grundmauern eines Gotteshauses aus dem 5. Jh., dem ältesten der Stadt. Hinter der Kirche öffnet sich der **Plan,** der Fest- und Marktplatz, mit einigen schönen Barockhäusern. Die Eckhäuser von Löhrstraße und Altengraben bilden das **Vier-Türme-Ensemble** mit reicher Erkerzier.

Unterwegs zum Rheinufer: Vorbei am **Dreikönigshaus** (heute Stadtbibliothek) gelangt man zum etwas versteckt liegenden **Schängelbrunnen** und durch einen Torbogen auf den **Jesuitenplatz** mit dem ehemaligen Jesuitenkolleg. Durch die Firmungsstraße, heute Fußgängerzone, geht es dann zum **Joseph-Görres-Platz,** der von schönen Jugendstilbauten gesäumt ist. Die Rheinstraße führt hinab zum **Rheinufer** mit seinen Schiffsanlegern, Souvenirbuden und dem historischen **Rheinkran** (Restaurant).

Neustadt: Am Rheinufer liegen das **Kurfürstliche Schloss** (erbaut 1777–86 für Kurfürst Clemens Wenzeslaus; heute Sitz der Bezirksregierung) und die weitläufigen **Augusta-Anlagen.**

Deutschherrenhaus/Basilika St. Kastor: Im Deutschherrenhaus (Danziger Freiheit 1), der ersten Niederlassung des Deutschen Ordens, ist heute das Museum Ludwig (s. u.) untergebracht. Der Blumenhof nebenan gehört zu den Relikten des einstigen Dominikanerklosters. An seiner Seite erhebt sich die spätromanische Basilika St. Kastor mit ihren zwei hohen West- und zwei niedrigen Osttürmen. Der 1989 restaurierte Bau geht auf eine 836 geweihte karolingische Kirche zurück und war Ort der ersten Verhandlungen über eine Teilung des Reiches von Karl dem Großen. Das Innere birgt ein eindrucksvolles Sternengewölbe sowie herrliche gotische Grabmäler.

Wo Rhein und Mosel sich treffen: Deutsches Eck in Koblenz

Festung Ehrenbreitstein: mit der Fähre gelangt man auf die gegenüberliegende Flussseite, dann geht es weiter mit dem Sessellift oder per pedes; Fähre: April tgl. 8–18, Mai–Nov. 7–19, Rosenmontag 8–18 Uhr; Sessellift: April–Nov. tgl. 10–17 Uhr.
Die um 1100 angelegte Festung lag strategisch günstig auf einem fast 120 m hohen Hügel am Zusammenfluss von Rhein und Mosel. Von hier oben hat man einen fantastischen Blick auf das Umland.
Mittelrhein-Museum: Florinsmarkt 15 (im Schöffenhaus-Ensemble), www.mittelrhein-museum.de, Di–Sa 10.30–17, So 11–18 Uhr.
Stadtgeschichtliche Zeugnisse sowie rheinische Malerei und Plastik vom Mittelalter bis zur Neuzeit, historisches Kunstgewerbe.
Museum Ludwig: im Deutschherrenhaus, Danziger Freiheit 1, www.ludwigmuseum.org, Di–Sa 10.30–17, So und feiertags 11–18 Uhr.
Zeitgenössische Kunst aus der Sammlung Ludwig. Wechselausstellungen.

Landesmuseum Koblenz: in der Festung Ehrenbreitstein, www.landesmuseumkoblenz.de, Mitte März–Ende Nov. tgl. 9–12.30, 13–17 Uhr.
Staatliche Sammlung technischer Kulturdenkmäler: vom Weinbau über den Audi-Gründer Horch bis hin zur Zinngießerei und Bimssteingewinnung.
Rheinmuseum: Charlottenstr. 53a, Ehrenbreitstein, www.rhein-museum.de, tgl. 10–17 Uhr.
Kollektion rings um Vater Rhein.
Beethoven-Gedenkstätte: Wambachstr. 204, Ehrenbreitstein, nur nach Voranmeldung unter Tel. 0261/ 12 92 531.
Erinnerungen an den Komponisten im Geburtshaus seiner Mutter.

Sport & Freizeit

Schwimmen: Freibad Oberwerth, Haydnstr. 1–3, Mai– Aug./Sept. Mo–Fr 9–20, Sa, So, feiertags und Sommerferien 8–20 Uhr; alle Becken solarbeheizt, große Liegewiese, Trimm- und Spielgeräte, FKK-Bereich.
Stolzenfels Waldschwimmbad: in der Nähe von Schloss Stolzenfels, RMV-Linie 6050, Mai–Aug./Sept. Mo–Fr 12–18, Sa, So, feiertags und Sommerferien 10–18 Uhr.

Einkaufen

Zahlreiche Geschäfte liegen in der **Schloßstraße**; im **Löhr-Center** (Hohenfelderstr. 22) findet sich von der Boutique bis zum Blumenladen alles unter einem Dach. Im Alten Graben bieten mehrere Läden junge, sportliche Mode an. Wer netten Kleinkram sucht, wird im **Huiskens** (Entenpfuhl 15) fündig.
BB Creative Decor: Emser Str. 32b. Kunst in Glas und Porzellan von Hajo

Brehm und namhaften Künstlerkollegen wie z. B. Colani.
Galerie & Wohndesign Görg: Rathauspassage 6.
Ausgefallene Geschenkartikel. Zeitgenössische Kunst, Originalgrafiken, Zeichnungen,Ölgemälde internationaler Künstler.
Goldschmiede Hofacker: Schloßstr. 14/Ecke Casinostr.
Existiert seit drei Generationen. Inzwischen u. a. Unikatschmuck, zeitgenössisch-elegante Accessoires feiner Tisch- und Businesskultur in Silber, Kristall, Porzellan.
Babilon: Firmungstr.4–6 (am Görresplatz). Spielwaren-Fachgeschäft.
Caractere: Löhrstr. 72.
Junge Designer-Mode aus Italien.

Ausgehen

Kulturfabrik: Mayer-Alberti-Str. 11, Koblenz-Lützel, Tel. 02 61/85 28-0, www.kufa-koblenz.de.
Performances, Kabarett, Musik von Klassik bis Rock etc.

Diskos:
Dreams: Schanzenpforte 4, Altstadt, Gothic und Heavy Metal.
Logo: Wallesheimer Weg 12–14, Koblenz-Lützel, Fr Black Music, Sa Techno; Deko wechselt alle 2 Monate.
Industriegebiet Nord: August-Horch-Str. 2a, Tel. 02 61/80 90 50; Vier Diskos, Kino und Gastronomie unter einem Dach.

Feste & Unterhaltung

Rhein in Flammen: Alljährlich am 2. Sa im Aug. erleben ca. 40 000 Menschen auf 70 Schiffen das Ereignis. Die Burgen, Schlösser und Orte entlang des Rheins zwischen Braubach und Koblenz sind in bengalisches Licht getaucht.
Koblenzer Schängelmarkt: Kauf- und Kulturangebot unter freiem Himmel im Herzen der Altstadt (3 Tage Mitte Sept., s. Tipp).

Echte Schängeltöne

Beim Altstadtfest auf dem Koblenzer Liebfrauenplatz im September tritt regelmäßig die Theatergruppe »Altstädter Brunnengemeinschaft« mit Stücken in Koblenzer Mundart auf.

Tourist-Information: Bahnhofsplatz 17, 56068 Koblenz, Tel. 02 61/313 04, Fax 02 61/100 43 88; Historisches Rathaus, Eingang Jesuitenplatz, Tel. 02 61/13 09 20, Fax 02 61/130 92 11.
Koblenz-Touristik: Bahnhofsplatz 7, Tel. 02 61/30 38 80, Fax 02 61/303 88 11, www.koblenz.de.

Brenner: Rizzastr. 20–22, Tel. 02 61/915 78-0, Fax 02 61/362 78, go@hotel-brenner.de, www.hotel-brenner.de, 99–130 €.
Gutbürgerliche Adresse zwischen Bahnhof und Rheinufer.
Diehl's Hotel: Am Pfaffendorfer Tor 10, Ehrenbreitstein, Tel. 02 61/970 70, Fax 02 61/970 72 13, info@diehls-hotel.de, www.diehls-hotel.de, DZ 113–139, Suiten 184–277 €.
Gehobenes Ambiente, direkt am Rhein.
Lorenz Hotel: Jesuitenplatz 1–3, Tel. 02 61/13 33 60, Fax 02 61/914 34 12, www.lorenz-veltins.de, 102–117 €.
14 nagelneue Zimmer mit modernem Design und klassischen Farben an einem der schönsten Plätze der Stadt.

Jugendherberge in der Festung Ehrenbreitstein, Tel. 02 61/97 28 70,

Fax 02 61/972 87 30, jh-koblenz@djh-info.de, www.jugendherberge.de, Übernachtung mit Frühstück 15,50–18,50 €/Pers.
Superlage, ca. 180 Betten, auch in Familienzimmern. Reservieren.

Kaffeewirtschaft: Münzplatz 14/Paradies 1, Tel. 02 61/914 47 02, kein Ruhetag.
Regionale Küche und die größte Kaffeeauswahl der ganzen Stadt. Schattige Arkadenterrasse. Hauptgerichte ab 8 €.

Altes Brauhaus: Braugasse 4, Tel. 02 61/13 30 377, kein Ruhetag.
Deftige Kost, große Portionen, gemütliches Ambiente. Hauptgerichte ab 6,80 € (Himmel & Erd') bis 12,30 €.

Lorenz: im Lorenz Hotel, s. o., kein Ruhetag.
Bar und Bistro-Restaurant mit herrlicher Straßenterrasse und feiner, leichter Kuche. Wildragout mit Waldpilzen, Gemüse und Knödel von Laugenbrezeln 12,70 €, Businesslunch Mo–Fr 7,50 €.

Rieslinghof – Hähn's Winzerwirtschaft: Moselweinstraße 7, Tel. 02 61/942 35 57, Fr/Sa ab 17, So ab 15 Uhr mit Kaffee u. Kuchen.
Im Stadtteil Güls servieren die Hähns deftige Winzerhappen. Sommerterrasse mit Flussblick. Speisen ab 3,50 €. Gästezimmer.

Café Einstein: Firmungsstraße 30, Tel. 02 61/914 49 99, Mo–Fr 8–2, Sa/So 8–3 Uhr.
Coffeeshop, Bar, Restaurant in einem. Frühstück, So Brunch, Vegetarisches, Schnitzel, Nudeln – und ab 22 Uhr Fingerfood. Champagner wird mit Trockeneis serviert; zwei Straßenterrassen. Steak vom Schwarzen Heilbutt an Blattspinat mit Rieslingsauce und Salzkartoffeln 12,50 €.

Havana: Kornpfortstraße 6, Tel. 02 61/100 46 84, So–Do 18 bis 1, Fr/Sa 18–2 Uhr.
Kubanisches Flair in der einstigen Residenz des Erzbischofs zu Trier. Gute Cocktailauswahl, eine lange Liste von Rollos, Boccadillos und Salaten, Publikum zwischen 18 und 30, dezente Musik. Tapas je ca. 3 €, Rollo Carne à la Cubanita 7,80 €.

Konditorei Baumann: Löhrstr. 93, Tel. 02 61/314 33, Mo–Fr 7–18.30, Sa 7–18, So 10–18 Uhr.
Eines der besten Traditonscafés der Stadt. Probieren Sie die Haustorte: Kirschwassersahne. Außerdem: ein Dutzend hausgemachte Trüffel-Pralinen- und (im Sommer) Eissorten; eigene Konfitüren und Gelees. 100g Trüffel 4,20 €.

Auf der Festung: Festung Ehrenbreitstein, Tel. 02 61/973 09 16, tgl. 11–23 Uhr, im Winter Di geschlossen.
Mehr als 100 m über dem Rhein gibt es bunte Salate mit Kürbiskernen und Melone ebenso wie Bruschetta-Bauernbrot-Schnitten, Pasta, Steaks, Ofenkartoffeln oder eine rheinische Zwiebelrahmsuppe mit Mettwurst. Bratkartoffeln, Champignons und Spiegelei mit gewürztem Sauerrahm, die traditionelle Hauptmahlzeit der Familien, die in den Trümmerjahren auf der Festung eine Bleibe fanden: 7,50 €.

Kröv (F 4)

Wer kennt ihn nicht, den »Kröver Nacktarsch«. Zumindest namentlich ist dieser Wein wohl weltweit in aller Munde. Und natürlich ranken sich zahlreiche Legenden um die Herkunft seiner deftigen Bezeichnung. Reichsritter Götz von Berlichingen, so heißt es in einer von ihnen, soll hier Pate gestanden haben – »seine« Schenke ist eine beliebte Attraktion im Ort. Andere Stimmen erzählen von den Mönchen des Klosters Wolf, die sich wunderten, dass auf dem kahlen Berg – »dem nackten Arsch« – über dem Dorf, hinter dessen Höhen die weiten Täler, Wiesen und Wälder des Hunsrück und der Eifel beginnen, so gute Reben gediehen. Eine weitere Geschichte berichtet, dass einige Burschen hinabstiegen in einen Weinkeller, um dort heimlich aus den Fässern zu trinken. Als der Winzer sie beim Gelage erwischte, zog er ihnen die Hosen herunter und versohlte ihnen kräftig das blanke Hinterteil. Diese Variante erwählten die Kröver zum Favoriten, bildeten sie auf ihren Flaschenetiketten und Fassaden ab. Tatsächlich stammt der Name der berühmten Weingroßlage wohl von dem keltischen Wort *nackars,* was »felsige Höhe« bedeutet. Entsprechend seinem Bekanntheitsgrad ist das an einer großen Schleife des Mosellaufes liegende Kröv (2500 Einwohner) ein beliebtes Ausflugsziel.

Sehenswert

Stadtbild: Kröv war einst Zentrum des sieben Dörfer umfassenden, direkt dem Kaiser unterstehenden Kröver Reichs. Am **Dreigiebelhaus** (Karolingerstr. 1), dem ehemaligen Rathaus mit mittelalterlicher Fliehburg (heute Straußwirtschaft Klein und Fremdenzimmer), berichtet ein Sgrafitto von dieser privilegierten Situation. Weltlicher und geistlicher Adel besaßen hier große Güter. Von ihrem Reichtum und der bis in die Römerzeit zurückreichenden Weinkultur zeugen reizvolle Fachwerkhäuser und alte Weinhöfe. Zu den schönsten Bauwerken zählen der **Hof der grauen Schwestern von Trier,** der schlossartige **Echternacher Hof** (1764), der **Staffelter Hof,** der **Steinfelder Hof** sowie der **Springiersbacher Hof** bzw. Pfarrhof.

Pfarrkirche St. Remigius: Hauptstr., Schlüssel im Pfarrhaus. Erbaut im Auftrag derer von Echternach durch Jörg Judas (1725).

Grabkapelle der Grafen von Kesselstatt: oberhalb des Ortes.

Ruine des Klosters Wolf: vom Europabrunnen dem Wanderweg 13 folgen, von Kröv 7,5 km.

Schöner Aussichtspunkt oberhalb des Nachbarortes Wolf auf der gegenüberliegenden Flussseite.

Spielzeug-, Puppen- und Krippenmuseum: Merowingerstr. 33, Di–So 10–12, 14–16 Uhr.

4000 z. T. mehr als 250 Jahre alte Exponate.

Sport & Freizeit

Angeln: Erlaubnisscheine (für die Mosel) bei Josef Müllen jun., Moselweinstr. 86, Tel. 065 41/95 74; für den Fischweiher: Angelsportverein Kröv, Robert-Schuman-Str. 75 (Druckerei Lebenstedt).

Wassersport: Kanu-Center Moseltours, Kinheim, Tel. 065 32/943 20, www.moseltours.de.

Baden: Freizeitanlage Kröv, Tel. 065 41/96 53, Mo–Fr 9.30 je nach Witterung bis max. 20 Uhr, Sa, So 9.30–19 Uhr; beheiztes Freibad, großer Kinderspielbereich, Wildwasserrutschbahn.

Radverleih: beim Verkehrsbüro (s. u.); Josef Müller-Brixius, Im Flurgarten 23, Tel. 065 41/96 64.

Weinlehrpfad: Mai–Okt. Di Treffpunkt um 9.30 Uhr am Verkehrsbüro, Ausgangspunkt: Grabkapelle Kesselstatt, Kosten: 2 €.

Von einem Winzer geführte, ca. 2 km lange Tour.

Einkaufen

Mariannes Naturkostladen: Moselweinstr. 46, Tel. 065 41/29 06. Großes Ökoweinsortiment.

Verkehrsbüro: Robert-Schuman-Str. 63, 54536 Kröv, Tel. 065 41/94 86, Fax 065 41/67 99, www.kroev.de, touristinfo.kroev@t-online.de.

Weinhof Gassen: Robert-Schuman-Str. 204, Tel. 065 41/58 88, Fax 065 41/37 68, weinhof.gassen@t-online.de, www.weinhof-gassen.de, ab 43 €. Honigfarbene Holzböden, -wände und -decken verbreiten eine wohlige Atmosphäre in den 4 DZ. Winzerfrühstück und viele Programmangebote zum Thema Wein. Mit Liegewiese.
Wein- und Gästehaus Kallfels: Im Flurgarten 49, Tel. 065 41/44 92, Fax 065 41/55 64, weingut@kallfels.de, www.kallfels.de, 49–72 €. Gutsgebäude in Moselnähe. 6 gemütliche Gästezimmer im Landhausstil. Großer Garten.

Campingplatz »Kröver Berg«: Nähe Sportzentrum, Tel. 065 41/70 04-0, 2 Pers. mit Wohnwagen oder Zelt u. Auto 12 €.

Straußwirtschaft Jungbluth-Trossen: Robert-Schuman-Str. 80, Tel. 065 41/58 31, von Himmelfahrt bis Mitte/Ende Okt. tgl. ab 18 Uhr.
Suppen, Knoblauchquark, Schinkenbrote, eingelegte Heringe etc. Speisen ab 4,50 €.
Gutsweinschenke Müllers: Robert-Schuman-Str. 59, Tel. 065 41/38 88, 065 41/53 65, www.gutsweinschaenke-muellers.de, geöffnet ab 14 Tage vor Ostern bis Mitte Nov. Gutbürgerliche Küche; Weiß- und Rotweine aus eigenem Anbau. Speisen ab 5,50 €.
Ratskeller: Robert-Schuman- Str. 49, Tel. 065 41/99 97, Fax 065 41/32 02, Mi–Mo.
Familienbetrieb in der Hauptstraße mit Hotel. Moselspezialitäten und erlesenes Weinangebot. Hauptgerichte ab 9 €.

Moselkern (H 2)

Das Weinörtchen mit 750 Einwohnern liegt buchstäblich im Schatten der Burg Eltz. Nur gut eine dreiviertel Stunde dauert der Aufstieg vom Dorfkern längs des Elzbaches zu der Bilderbuchfeste, die der weit gereiste französische Dichter Victor Hugo als »hoch, großartig, fremd« beschrieb und hinzufügte, er habe noch nirgendwo anders Ähnliches gesehen. Doch auch Moselkern verdient, etwas näher in Augenschein genommen zu werden – nicht nur wegen seiner an zahlreichen Fassaden prangenden, humorvollen Sinnsprüche zum Thema Wein.

Highlight 7

Burg Eltz: Tel. 026 72/ 95 05 00, April–1. Nov. tgl. 9.30–17.30 Uhr, Führungen alle 10–20 Min., Dauer ca. 45 Min.; mit 2 Selbstbedienungsrestaurants, Terrasse.
Sie gilt als die Burg des deutschen Mittelalters schlechthin. Umflossen vom Elzbach thront sie auf einem Felsen, umgeben von dichtem Wald. Türmchen, Erker, Söller wachsen aus den drei um einen reizvollen Innenhof gruppierten Geschlechterhäusern der Eltz-Rübenach, Eltz-Bürresheim und Eltz-Kem-

Märchenhafte Burg Eltz

penich in den Himmel. Etwa eine halbe Million Besucher jährlich bestaunen den sowohl äußerlich als auch von der Einrichtung her weitgehend original erhaltenen Bau – anders als die meisten anderen Moselfesten wurde er niemals zerstört oder geplündert. Neben verschiedenen Wohngemächern lohnt vor allem der Besuch der Schatzkammer.

Sehenswert

Valeriuskirche: Hauptattraktion des Winzer- und Bauerndorfes ist am Einfahrtsweg zum Elztal die Kirche mit ihrem fünfgeschossigen romanischen Turm, der aus dem 1789 angefügten Kirchenschiff ragt. Vor ihr steht die Nachbildung eines hier entdeckten Merowinger-Kreuzes (Original im Rheinischen Landesmuseum Bonn). Hinter der etwa 80 cm hohen Basaltlava-Replik der ältesten monumentalen Darstellung des gekreuzigten Christus (6. Jh.) führt eine Treppe hinab zu einem Weinkeller, über dessen Türe die schöne Aufschrift prangt: »Traube gestoßen tröstet als Wein.«

Altes Rathaus: Das Alte Rathaus stammt aus der ersten Hälfte des 16. Jh.

Halfenhaus: Moselstr. 4. Von einem neuen Berufszweig, den die Schifffahrt auf der Mosel mit sich brachte, zeugt das Halfenhaus. Es diente den Halfen, die mit ihren Pferden die Schiffe moselaufwärts zogen, als Unterkunft und Wechselstelle für Rosse.

Sport & Freizeit

Weinprobe: Altes Rathaus, Juli–Okt. jeweils Di um 20 Uhr, mit dem Bürgermeister (6 Proben, 6 €).

Ortsführung: Di um 19 Uhr, Treffpunkt am Bahnhof, 7,50 €.

Feste & Unterhaltung

Weinfest 3. Juliwochenende

Gemeindeverwaltung: Zehnthofstr. 1, 56254 Moselkern, Tel. 026 72/76 60, vgtreis-karden.vgtk@lcoc.de, www.moselkern.de.
Heimat- und Verkehrsverein: Mühlweg 7, Tel. 026 72/15 53, 026 72/12 99.

Weingut Josef Kaufmann: Oberstr. 12, Tel. 026 72/13 11, 026 72/24 00, Ferienwohnung 40–45 € (2–4 Pers.).
55 m² große Ferienwohnung für 2–4 Personen in ruhiger Ortslage mit Balkon und Terrasse.
Hotel Anker Pitt: Moselstr. 15–16, Tel. 026 72/13 03, Fax 026 72/89 44, 53–60 €.
Einfaches 25-Zimmer-Haus mit Blick auf die Mosel.

Weingut Brachtendorf: Moselstr. 21, Tel. 026 72/74 93, Fax 026 72/91 00 76.
Straußwirtschaft (15. Juni–15. Okt.) mit typischen deftigen Imbissen und Moselwein aus »eigenem Wachstum«. Speisen ab 4 €.
Weinschänke Weckbecker: Oberstr. 28, Tel. 026 72/15 53, weingut-weckbecker@t-online.de, Di–So.
Gutbürgerliches und Kleinigkeiten zum Wein. Hauptgerichte 7–9 €.

Neumagen-Dhron (E 5)

»Arbeitsfreudiges Volk und fleißig sich mühende Winzer tummeln sich hier auf der Höhe und dort auf den niederen Hängen und singen dabei um die Wette«, schrieb der römische Dichter Decimus Magnus Ausonius über Noviomagus, das heutige Neumagen. Kaiser Konstantin wählte den knapp 40 km von seiner Kapitale entfernten Ort – den angeblich ältesten Weinort Deutschlands (2600 Einwohner) – zum Sommersitz und ließ dort ein Kastell erbauen, dessen Reste Ende des 19. Jh. beim Ausbau der Moselstraße entdeck wurden. Seither heißt diese Römerstraße.

Den Römern nachgespürt

Führungen auf den Spuren der Römer bietet regelmäßig das Verkehrsamt Neumagen-Dhron an: Mai–Okt. Fr um 17.15 und Sa um 10.15 Uhr. Treffpunkt Tourist-Information, Hinterburg 8, Auskunft Tel. 065 07/65 55.

Sehenswert

Römischer Kern von Neumagen: zwischen der Pfarrkirche St. Mariä Himmelfahrt und der Peterskapelle.
Vor dem Garten um das kleine gotische Gotteshaus, das um 1710 erweitert wurde, klicken die Fotoapparate am häufigsten: Hier steht die Nachbildung des berühmten **Weinschiffes** (Original im Landesmuseum Trier, s. S. 86). Ursprünglich bildete es wohl den Abschluss eines Grabmals für einen römischen Weinhändler. Wenige Schritte straßenaufwärts, wo zwei schöne Weinhöfe eine Art Tor bilden, begann einst der **römische Kastellbereich.** Zahlreiche Säulen- und Reliefrepliken markieren seine Ausdehnung.
Heimatmuseum: Grafenweg 1, tgl. 9–12, 14–17 Uhr.
Römische Exponate.

Sport & Freizeit

Wassersport: Bootsverleih im Jachthafen, Moselstr. 21, Tel. 065 07/70 16 70.

Radfahren: Radverleih im Jachthafen, Moselstr. 21, Tel. 065 07/70 16 70.

Planwagenfahrten: Josef Ensch, Enschenmühle, Enschenmühlenweg 19, Tel. 065 07/22 95. Fahrten für 8–25 Personen.

Führungen auf den Spuren der Römer: Mai–Okt. Fr 17.15, Sa 10.15 Uhr, Treffpunkt an der Tourist-Information, Auskunft Tel. 065 07/65 55.

Feste & Unterhaltung

Weinblütenfest: 3. Juni-Wochenende. Beim Festumzug wird auch das römische Erbe lebendig – z. B. wenn das Weinschiff als einer der fast 50 Festwagen durch die Gassen rollt.

Weinstraßenfest »Metschert« Ende Aug./Anfang Sept.

Fröhliche Weinstraße »Römerstraße« am 4. Sept.-Wochenende.

In **Piesport** finden alljährlich **Tage der offenen Weinkeller** (Anfang Mai) und das **Weinhöfefest** (Mitte Aug.) statt. Etwa ein Dutzend Winzer bietet neben dem eigenen Wein hausgemachte Speisen und z. T. musikalische Animation auf ihren Höfen. Im Herbst feiern die Piesporter rund um ihre römische Großkelter das **römische Kelterfest** (Infos Tel. 065 07/20 27).

Verkehrsamt der Verbandsgemeinde Neumagen-Dhron: Römerstr. 137, 54347 Neumagen-Dhron, Tel. 065 07/92 55 22, Fax 065 07/92 55 55, www.moselvielfalt.de.

Tourist-Information Neumagen: Hinterburg 8, Tel. 065 07/65 55, Fax 065 07/65 50.

Hotel Am Römerweinschiff: Römerstr. 123, Tel. 065 07/21 88, Fax 065 07/54 08, www.cafe-wald.de, 55–60 €.
6 Mehrbettzimmer unmittelbar an den römischen Ausgrabungen.

Hotel Zum Anker: Moselstr. 14, Tel. 065 07/63 97, Fax 065 07/63 99, www.hotelzumanker.de, hotelzumanker@t-online.de, 52–58 €.
Einfache saubere Zimmer in ruhiger Lage direkt am Fluss.

In der Umgebung:

Weingut St. Joseph: In der Dur 11, Piesport, Tel. 065 07/51 61, Fax 065 07/70 14 13, www.weingut-spang.de, ferien@weingut-spang.de, 38–43 €.
Ruhige Lage, nur 50 m bis zur Mosel. Frühstück mit lokalen und Eifel-Spezialitäten, alte Probierstube.

Hotel-Café Mack: Im Hof 2, Trittenheim, Tel. 065 07/759 47, 065 07/70 19 23, www.trittenheim.de/hotel-cafemack, hotel-cafe.mack@t-online.de, 52–58 €.
3 DZ mit großen Bädern und Sitzecke, Vollwertfrühstück. Das 1647 erbaute Haus gehörte zum ehemaligen Fronhof der Benediktinerabtei St. Matthias zu Trier.

Weinschröterhof: Metschert 37–41, Tel. 065 07/53 40, kein Ruhetag.
Winzervespern (5 €) und andere Deftigkeiten.

Konstantinhöhe: Konstantinhöhe, Tel. 065 07/21 68, Di–So.
Winzermeister Schwarz hat von April bis Okt. »ausgesteckt« und bietet Herzhaftes zu seinem Wein. Speisen 1,80–7,70 €.

Ziele in der Umgebung

Märtyrerkapelle: zwischen Neumagen und Trittenheim am Fuß der Weinberge, Schlüssel im Pfarrhaus.
Die historische Kapelle erinnert an das Sterben der Christen am 6. Oktober 286 in Trier. Bis zu dieser Stelle, so heißt es, soll das Wasser in der Mosel rot vom Blut der Märtyrer gewesen sein.
Piesport: In der Lage »Piesporter Goldtröpfchen« (am Ortsrand Richtung Ferres) wurde 1985 die größte römische Kelteranlage nördlich der Alpen freigelegt (s. S. 108). Außerdem ist der Ort berühmt für die Goldene Kaiserfibel (Gewandspange), angefertigt im Jahr 316 n. Chr., und den Fund eines römischen Diatretglases.

Pünderich (G 3)

Ein Winzerort wie aus dem Bilderbuch, der als einer der wenigen tatsächlich direkt an der Mosel liegt und nicht durch eine Straße von ihr abgetrennt ist. Im historischen Ortskern wurden eine Vielzahl von stilvollen Fachwerkbauten restauriert, so dass man nun die Entwicklung dieses Baustils vom 16. bis zum 18. Jh. gut nachvollziehen kann. Die Fachwerkidylle, gepaart mit den üppigen Straßen- und Hausgärten, hat den »Gesetzeskrämern«, wie man die Pündericher nennt, schon viele Schönheitspreise für ihr 1050 Einwohner zählendes Dorf eingebracht. Der Ortsname stammt übrigens von dem lateinischen Wort *pontariacum* (Fähre, Brücke), und bis heute sorgt eine Fähre für die Verbindung ans andere Moselufer.

Das im späten 19. Jh. gebaute Pündericher Hangviadukt zählt mit seinen 97 Bögen zu den längsten seiner Art in Europa.

Sehenswert

Ortsbild: Das mit aufwendigen Schnitzereien verzierte Fährhaus und das etwas versetzt hinter ihm stehende gotische Rat- und Gerichtshaus mit seinem Treppenturm gelten als Musterbeispiele dekorativen Fachwerks an der Mosel. Sehenswert sind auch die alten Zehnt- und Kelterhäuser sowie die Pfarrkirche, deren Innenausstattung in spätbarokken Formen noch ganz erhalten ist. Die Orgel von 1815 stammt aus der Werkstatt des berühmten Orgelbauers Stumm.
Historische Eichstelle für Weinfässer: an der Hauptstraße.

Sport & Freizeit

Bogenschießen: Mai–Sept. Mi u. Sa 15 Uhr Kinderspielplatz an der Mosel; Anmeldung bei der Tourist-Information.
Schwimmen: Freizeitanlage Arrastal (Ortsausgang), Tel. 065 42/229 70, Mai–Sept. tgl. 10–19 Uhr.
Reizvolles Freibad (beheizt) mit ausgedehnten Spiel- und Liegewiesen.

Feste & Unterhaltung

Straßenweinfeste (Mai/Sept.),
Weinkirmes (Aug.),
Sommerfest in Alf (Juli),
Weinfest in Alf (Aug.).

Tourist-Information: Raiffeisenstr. 3, 56862 Pünderich, Tel. 065 42/90 00 21, Fax 065 42/ 90 00 22, touristik-information@ puenderich.de, www.puenderich.de.

Ferienweingut Paulushof: Im Wingert 42, Tel. 065 42/ 226 09, www.paulushof.de, DZ ab 48 €, Ferienwohnung ab 38 € (für 2 Pers.).
6 neu gebaute (2003), gemütlich-moderne Ferienwohnungen und 3 DZ.

Weinhaus Lenz: Hauptstr. 31,
Tel. 065 42/23 50, Fax 065 42/25 46,
hotelweinhauslenz@web.de,
www.hotelweinhauslenz.de,
60–75 €.
Familiäres Haus mit drei verschiedenen Zimmerkategorien im historischen Ortskern. Restaurant.

Campingplatz Marienburg:
Moselallee 2, Tel. 065 42/220 09,
Fax 065 42/901 93 34, April–31. Okt.,
Stellplatz 6 €, Erw. 3,30 €, Kinder bis 14 Jahre 1,80 €.
Ruhige Lage im Moselvorgelände unweit der Fähre.

In der Umgebung:
Burg Arras: in Alf, Tel. 065 42/222 75, Fax 065 42/25 95,
www.arras.de, 130–210 €.
Stilvolle, großzügige Burgzimmer z. T. mit Baldachin-Betten

Weingut Herbert Dahm: Hauptstr. 78, Tel. 065 42/25 64,
01 77/626 73 13, geöffnet an Pfingsten und Aug.–Okt.
Straußwirtschaft. Kalte Imbisse. Speisen ab 4,50 €.
Gasthaus-Metzgerei zur Marienburg: Hauptstr. 32, Tel. 065 42/29 12,
Di–So.
Rustikales vor allem vom Schwein. Probieren Sie den Saumagen (7,40 €).

In der Umgebung:
Landhaus Hechler: Am Reiler Hals 3, Reil, Tel. 065 42/90 11 44,
Fax 065 42/90 11 45,
www.landhaushechler.de, Mi–Mo.
Hotelrestaurant zwischen Wald und Reben. Regionaltypische, frische Küche mit Produkten aus der Region und teilweise aus biologischem Anbau. Menü ab 15 €.

Ziele in der Umgebung

Marienburg: Aussichtspunkt auf einer von der Mosel umflossenen Halbinsel, an dem sich die 14 km lange Flussschleife des Zeller Hamm auf weniger als 300 m verengt. Herrlicher Fernblick.
Burg Arras: ab Alf auf dem Uferweg des Alfbachs (Hauptwanderweg des Eifelvereins), Tel. 065 42/222 75,
www.arras.de, März–Dez. tgl. 10–18 Uhr (Museum, Restaurant, Hotel).
Wie alle anderen Moselburgen von den Franzosen zerstört, aber 1907–1910 wieder aufgebaut, seither bewohnt bzw. teilweise zum luxuriösen Hotel/Restaurant umgestaltet. Bietet dem Besucher mittelalterliche Atmosphäre und ein interessantes Burgmuseum (private Grafik- und Gemäldesammlung zum Thema Mosel). Besondere Anziehungspunkte: der 936 vollendete Bergfried, der älteste der Mosel; der Innenhof, der Rittersaal und das in den Fels gehauene Verlies. Herrlicher Panoramablick.
Reil (s. S. 110): altes Weindorf und möglicherweise Heimat von Gerhart von Ryl(e), dem Baumeister des Kölner Doms.
Kloster Springiersbach (F 1):
Karmeliterstr. 2, Bengel,
Tel. 065 32/939 50, www.karmeliten orden.de/klosterspringiersbach; zu erreichen über die B 49, zwischen Alf und Wittlich.
Mittelalterliche Abtei, einst eine der wichtigsten der Mosel. Heute Wallfahrtsort der Karmeliter. Wieder erbaute barocke Klosterkirche. Exerzitienhaus (Kurse), 35 schlichte Zimmer.
Alf: Der Ort zieht sich hinein in das wildromantische Alfbachtal. Gut erhaltene Fachwerkhäuser und antike Gewölbekeller lassen die Vergangenheit lebendig werden. Hübscher Dorfplatz. Gute Verkehrsanbindung.

Bullay: Doppelbrücke für Bahn- und Autoverkehr von 1878.

8

Highlight

Saarburg (C 7)

»Klein-Venedig« nennen die Saarburger in Anlehnung an einen Ausspruch des Berliner Baumeisters Schinkel gern ihr Städtchen (6700 Einwohner), vor allem den mittelalterlich geprägten Kern mit Häuserzeilen, die auf Eichenpfählen ruhen. Dicht drängen sich in der Unterstadt die Fischer- und Gerberhäuser im Saarbogen, in der Oberstadt säumen prachtvolle Fachwerkhäuser und barocke Steinbauten die schmale Leuk, die sich in einer imposanten Felskaskade zwischen ihnen zu Tale stürzt. Saarburg liegt eingebettet in Weinberge und Wälder inmitten der reizvollen Kulturlandschaft des Saarburger Landes, vor den Toren von Trier, nur 12 km von der Mosel entfernt.

Sehenswert

Feste Saarburg: Wahrzeichen der Stadt ist die gleichnamige Burg, die Graf Siegfried von Luxemburg 964 auf einem Bergrücken hoch über der Saar erbauen ließ. 107 Stufen führen zur Aussichtsplattform der Ruine mit herrlicher Sicht über die Stadt und ins Saarburger Land.

Buttermarkt: Südlich der Burganlage, am Buttermarkt (einst wurden hier Milch und Milchprodukte umgeschlagen), tost ein 20 m hoher **Wasserfall** mitten durch die Stadt, entlang den schmalen, von südländischem Flair erfüllten Gassen, die das Herz der Stadt bilden.

Kurfürstliche Mühle mit Amüseum: Tel. 065 81/92 81 17, Fax 065 81/956 70, amueseum@saarburg.de, März–Okt. Di–Sa 10.30–12.30, 14–17, So, feiertags 11–17 Uhr.

Hackenberger Mühle mit Mühlenmuseum: Hackenberger Mühle am Leukbach, Staden 6, April–Okt. Mo–Fr 14–17, Sa, So, feiertags 11–17 Uhr.

Mit Hilfe der malerischen Kaskade werden die Räder der Hackenberger Mühle und der Kurfürstlichen Mühle aus dem 17. Jh. angetrieben. In Letzterer richtete die Stadt das Amüseum ein mit einer der ältesten noch in Betrieb befindlichen Rohrturbinen sowie einer Präsentation der Saarburger Handwerksberufe. Auch die Tourist-Information ist hier untergebracht.

Laurentiuskirche: Wuchtig thront das aus der ehemaligen Sommerresidenz der Trierer Erzbischöfe hervorgegangene Gotteshaus (16. Jh.) über den verschachtelten Altstadthäusern. Seine nachträglich angefügten Türme nehmen sich im Vergleich mit dem hohen Langhaus geradezu winzig aus. Das Innere birgt eine schöne, mehr als 400 Jahre alte geschnitzte Traubenmadonna.

Mittelalterliche Stadtrallye

Kinder, aber auch Erwachsene, können Saarburg im Rahmen einer Stadtrallye kennen lernen. Die entsprechende Broschüre (1,50 €) enthält interessante Fragen und Rätselspiele um die einzelnen Stationen. Den Teilnehmern winken kleine Preise. Info und Rallyebroschüre: Tourist-Information Saarburg, Graf-Siegfried-Str. 32, Tel. 065 81/ 99 59 80.

Die Leuk in Saarburg

Kunoturm: Der benachbarte Turm ist das einzige Überbleibsel der im 14. Jh. erbauten Stadtbefestigung.

Glockengießerei Mabillon: Staden 130, Tel. 06581/23 36, geführte Besichtigung Mai–Ende Okt. Di 14 Uhr, ab 10 Personen, Auskunft und Buchung über die Tourist-Information.

Eine der letzten Glockengießereien Deutschlands.

Sport & Freizeit

Sommerrodelbahn: oberhalb des Aussichtspunktes am Dachswald, zu dem vom Burgberg eine Sesselbahn führt (Mo–Sa 10–17.30, So und feiertags 10–18.30 Uhr).

Rundfahrt mit der Schmalspur-Weinbergsbahn »Feuriger Elias« (1902): Tel. 06581/914 50, Abfahrt Sa vom Hofgut in Serrig (s. u., Ziele in der Umgebung).

Schwimmbäder: Erlebnis-Freibad und Freizeithallenbad Saarburg, Tel. 06581/988700, Freibad: Mai–Sept. Mo–Fr 8–20, Sa, So 9–19 Uhr; Hallenbad: Di–Do 8–20, Fr 8–21, Sa, So 9–18 Uhr.

Reiten: Kunoweiherhof, Tel. 06581/3171 (geführte Naturausritte und Reitunterricht); Reitsporthalle, Bottelter, Tel. 06581/54 33.

Wassersport: Wassersportclub Saarburg, Tel. 06581/24 77; Jachthafen, Tel. 06581/63 51; **Kanuverleih:** Freizeittreff fun beach in Schoden (direkt am Saarufer), Tel. 06581/991 88.
Radfahren: Verleih: Hotel Saar-Galerie, Heckingstr. 12–14, Tel. 06581/929 60. Reparatur: Bike and Garden, Trierer Str. 9, Tel. 06581/63 73. Bewachter Fahrradparkplatz mit Gepäkkabgabe: Eiscafé-Bistro »On the Green«, Im Stadtpark 1, Tel. 06581/99 31 45. Geführte Rennradtouren unter sportlichem Aspekt (80–150 km), Treffpunkt jeden Mi 18 Uhr, Rathaus Konz (s. auch Tipp S. 90, Spaß auf Rädern).
Angeln: Erlaubnisscheine für die Saar: Verbandsgemeindeverwaltung Saarburg, Tel. 06581/812 06.
Schiffsausflüge auf die untere Saar und an die Mosel: Saar-Personenschifffahrt, Tel. 06581/991 88 u. 06581/99 46 42, www.saarflotte.de, ab Schiffsanleger nördlich der Altstadtbrücke (rechtes Saarufer).
Skaten: Halfpipe am Sportzentrum/Verkehrsübungsplatz.

Feste & Unterhaltung

Saarweinfest (Anfang Sept.), **Mittelalterliches Stadtfest** (Ende Sept.).

Tourismus- und Kulturmarketing: Am Markt 29, 54439 Saarburg, Tel. 06581/99 46 42, Fax 06581/956 70, info@saarburg.de, www.saarburg.de.
Saar-Obermosel Touristik: Graf-Siegfried-Str. 32, Tel. 06581/812 15, Fax 06581/812 90, Saarburg-info@t-online.de.

Aliani: Blümchesfeld 25, Tel./Fax 06581/28 88, 35–44 €.
Lichte, großzügige Ferienwohnung mit moderner Ausstattung inmitten eines großen Gartens.
Kunoweiherhof: Kunoweiherhof, Tel. 06581/31 71, Fax 06581/991 85, kunoweiherhof@t-online.de, www.hunsrueck-zu-pferd.com, DZ 16 €, Ferienwohnung ab 33 € (2 Pers., jede weitere Pers. 4 €).
Reizvoll gelegener, großer Bauernhof mit Gästezimmern und Ferienwohnung, Fahrradverleih, Reitmöglichkeit.
Hotel am Markt: Am Markt 10–12, Tel. 06581/926 20, Fax 06581/92 62 62, www.saarburg-hotel-ammarkt.de, 69–95 €.
Schöne helle, individuell eingerichtete Zimmer mit Terrakottaböden im Herzen der Stadt.
Hotel Villa Keller: Brückenstr. 1, Tel. 06581/929 10, Fax 06581/66 95, www.villa-keller.de, villakeller@t-online.de, 90–95 €.
Historisches Herrenhaus direkt an der Saar mit nur zehn komfortablen Zimmern, großer Biergarten, gemütliches Wirtshaus.

Jugendherberge
Bottelter Str. 8, Tel. 06581/25 55, Fax 06581/10 82, jh-saarburg@djh-info.de, www.djh-info.de, ca. 100 Betten, 12,60 €.
Liegt auf einem Bergrücken hoch über dem Fluss.

Campingplatz Waldfrieden: Im Fichtenhain, Tel. 06581/22 55, Fax 06581/59 08, www.campingwaldfrieden.de, Stellplatz 7,50–9 €, Erw. 4 €, Kinder ab 14 Jahren 3 €, pro Hund 2 €, kleines Zelt 5 €, März–Okt.
Familienfreundlicher Platz in ruhiger Waldrandlage mit Fahrradverleih, beheiztes Freibad 1 km entfernt.

Käseherstellung

Am Riedhof in Mannebach (C 7) hat Peter Büdinger eine Käserei eingerichtet, in der verschiedene Rohmilchkäse ausschließlich aus der selbst gemolkenen Kuhmilch hergestellt werden – ohne chemische Zusätze. Führungen durch Hof und Stallungen sind möglich (Anmeldung unter Tel. 065 81/23 76 ab 13 Uhr).

In der Umgebung:
Victor's Residenz-Hotel Schloss Berg: Schlosshof 9, Nennig, Tel. 068 66/79-0, Fax 068 66/79-100, info.nennig@victors.de, www.victors.de, DZ 130–190 €, Suiten 260–320 €.
Luxushotel mit großem Wellnessbereich, Michelin-besterntem Gourmetrestaurant und modernem Spielcasino.

Auberge Laurentius: Kunohof 19, Tel. 065 81/91 41 10, kein Ruhetag.
Gutbürgerliches mit Schwerpunkt auf Fisch. Hauptgerichte ab 8 €.
Zunftstube: Am Markt 11, Tel. 065 81/918 70, Fr–Mi.
Rustikale Kost, französische Spezialitäten. Hauptgerichte ab 9,50 €.
Saarburger Hof: Am Fruchtmarkt, Tel. 065 81/928 00, Di abends–So.
Exquisites, familiäres Hotelrestaurant mit exzellenter Weinkarte (mehr als 100 Saarweine). Hauptgerichte 17–21 €, Menü 25–46 €.

Ziele in der Umgebung

Schloss Berg (B 8): Etwa 2 km nördlich von Nennig (s. u., Highlight 9) liegt Berg mit dem gleichnamigen Schloss. Der Ort ist eine mittelalterliche Gründung, vermutlich von Ministerialen im Dienste des Erzbischofs von Trier. Zum ersten Mal treten die Herren von Berg in einer Urkunde des Jahres 1180 auf. Es ist anzunehmen, dass die Burg zu diesem Zeitpunkt bereits existierte und zwar in Gestalt einer Wasserburg. Die Burg in der heutigen Gestalt wurde vermutlich im 14. Jh. erbaut. Vielfach verändert, nach der Zerstörung im Zweiten Weltkrieg wieder aufgebaut und lange als Landschulheim genützt, beherbergt Schloss Berg inzwischen ein Luxushotel (s. o.). Der im Renaissancestil neu angelegte Schlosspark ist ganzjährig geöffnet.
Hofgut Serrig: Domänensiedlung, Serrig, Tel. 06581/91 45-0, www.hofgut-serrig.de.
Kernstück dieser Heimstätte für Behinderte mit verschiedenen Werkstätten (u.a. Korbflechterei, Weberei, Tonbrennerei) ist die Landwirtschaft mit ihrem biologischen Anbau verschiedener Obst- und Gemüsesorten und integrierter Tierhaltung. Die Erzeugnisse können im Hofladen erworben werden. Zum Gut gehört auch der Apfellehrpfad, auf dem 200 verschiedene heimische Sorten gepflanzt sind (1,5 km, 1 Std.).

Highlight 9

Perl-Nennig (B 8): Größte Attraktion der kleinen Gemeinde ist die **Römische Villa** (Römerstr. 11). Die ausgedehnten Reste gehören zum größten bekannten Römerlandhaus des Moselgebietes. Es hatte einen Hauptbau mit Seitenflügeln und daran anschließenden Wandelhallen, so dass zur Mosel hin eine Säulenfront von mehr als 600 m entstand. Im Mittelteil des Hauptgebäudes wurde ein Fußbodenmosaik von 160 m² Fläche restauriert mit Darstellungen von Gladiatoren- und Tierkämpfen aus dem 2. Jh. n. Chr. (16. Feb.–Sept. Di–So 8.30–12, 13–18 Uhr, Okt.–Nov. Di–So 9–11.30, 13–16.30 Uhr, Dez.–15. Feb. geschlossen, Tel. 068 66/13 29, Eintritt 1,50 €).

Schweich (D 5)

Literaturkenner verbinden den Ort (6400 Einwohner) an der Römischen Weinstraße, 10 km nordöstlich von Trier, mit dem Namen Stefan Andres. 1906 kam der Schriftsteller in der Breitwiesmühle bei Dhrönchen über Trittenheim zur Welt, die Kinderzeit verbrachte er in Schweich, gestorben ist er 1970 in Rom. Sein Werk umfasst rund 50 Titel. Die Romane, Novellen und Erzählungen, Dramen, Gedichtzyklen und Essays sind ein lebendiges Zeitzeugnis des 20. Jh. und zeichnen häufig ein intensives Porträt der deutschen Mosellandschaft.

Sehenswert

Ortsbild: Leider hat der Ort durch das gegenüberliegende Autobahndreieck Moseltal keine angenehme Sicht – mächtiger Brückenbeton beleidigt das Auge vom Flussufer aus. Im Ort selbst wurde auch geklotzt. Der **Gedenkbrunnen für Stefan Andres** nimmt eine Grundfläche von mehr als 200 m² ein.

Alte Synagoge: Richtstr. 40.
Sie erinnert an die einst große jüdische Gemeinde Schweichs; heute ist der Bau Kultur- und Gedenkstätte.

Historischer Fährturm: Wahrzeichen der Stadt. Die Moselfähre bei Schweich war eine der wichtigsten Übergangsstellen der mittelalterlichen Straße Trier–Koblenz.

Molitorsmühle: am Föhrenbach (etwas außerhalb), Tel. 065 02/22 53, 065 02/13 36, www.molitorsmuehle.de, Ostern–Ende Okt. Sa, So, feiertags 14–17 Uhr, in den Schulferien zusätzlich Führungen Mo, Fr 18 Uhr, Gruppenbesichtigung nach Absprache ganzjährig.
In der denkmalgeschützten Mühle erlebt der Besucher hautnah den Weg vom Korn zum Mehl.

Stefan-Andres-Gesellschaft:
Kulturzentrum Niederprümer Hof, Hofgartenstr. 26, Tel. 065 02/65 24, Di 14–16, Do 10–12, So 15–17 Uhr, Führungen nach Vereinbarung.
Das Archiv der Gesellschaft hat seinen Sitz im restaurierten Niederprümer Hof, dem ehemaligen, auf den Resten einer römischen Villa erbauten Verwaltungssitz des Klosters Prüm. Neben einer ständigen Ausstellung mit Dokumenten, Briefen, Fotos, Erstausgaben, Handschriften, Büsten, Gemälden und Möbeln des Dichters lädt in dem Kulturzentrum auch eine Präsenzbibliothek zum Schmökern ein.

Sport & Freizeit

Literarisches Wandern: 21,5 km auf dem Stefan-Andres-Wanderweg von Schweich bis nach Leiwen (Zummethöhe).

Schwimmen: Erlebnisbad Schweich, Stefan-Andres-Str., Tel. 065 02/24 97; Panoramabad, Römische Weinstr., Leiwen, Tel. 065 07/30 09.

Wassersport: Wassersport- und Freizeitzentrum Kreusch, Tel. 065 02/913 00. Wasserski, Banane, Reifen, Bootsführerschein. In Riol: Wake up, Tel. 065 02/93 64 74. Wakeboarden (Surfen, Skaten, Wasserskifahren und Snowboarden in einem). In Schleich: Wasserskischule Franz Kirsch, Tel. 065 07/991 33.

Flugsport: Tandemgleitschirmflüge ab Klüsserath, Informationen Moselfalken, Michael Müller, Tel. 065 02/93 69 60;

Drachenflugstartplätze in Riol und Mehring, Infos bei Egbert Sonntag, Tel. 065 02/47 83; Fallschirmspringen/Tandemsprung und Kurse: ab Flugplatz Föhren, Infos IG Luftfahrt (auch für Rundflüge) Tel. 065 02/50 58.
Ballonfahrten: Ballon Reisen Moselland, Im Flürchen 7, Tel. 065 02/990 80.
Inline-Skaten: Skates-Verleih bei Wake up (s. o.).
Wandern: monatlich geführte Wanderung vom Heimat- und Verkehrsverein, Treffpunkt: Raiffeisenbrunnen, Termine bei der Tourist-Information.

Feste & Unterhaltung

Fest der Römischen Weinstraße (Anfang Mai),
Internationales Hafenfest (Ende Juli),
Trachtentreffen alle zwei Jahre in Klüsserath an Pfingsten, alternierend mit dem wohl längsten **Weinstraßenfest** der Mosel,
traditionelles **Heimat- und Weinfest** (2. Sept.-Wochenende),
große **Krippenausstellung** alle drei Jahre (Dez.; nächste 2006).

Tourist-Information
Stadtverwaltung Schweich: Brückenstr. 46, 54338 Schweich, Tel. 065 02/40 78 01, 065 02/933 80, Fax 065 02/93 38 15, www.schweich.de.

Winzerhof Wallerath: Bahnhofstr. 25, Tel. 065 02/55 54, Fax 065 02/93 61 04, 34–38 €.
Schöne Zimmer und ein Appartement für 4–6 Personen bei einer Winzerfamilie.
Weingut Pension Schiff: Schaumbach, Tel. 065 02/27 87, Fax 065 02/30 76, 37–46 €.
Familiäres Haus mit fünf Doppel- und vier Mehrbettzimmern.

Hotel Zur Moselbrücke: Brückenstr. 1, Tel. 065 02/919 00, Fax 065 02/91 90 91, 62–77 €.
Erstes Haus am Platze, direkt am Moselufer. Restaurant mit Moselspezialitäten.

Campingplatz Am Fährturm: Tel. 065 02/913 00, Fax 065 02/91 30 50, boote@kreusch.de, www.kreusch.de, 10. April–20. Okt., 10. April–20. Okt., Stellplatz 4 €, Auto 1,50 €, Erw. 4,50 €, Kind bis 12 Jahre 3,50 €.
Tages- und Dauercamping, Wohnmobilstellplätze; Kinderspielplatz, Imbiss, Grillplätze, Restaurant.

Weingut Wendelin Schneider: Corneliuspforte 63, Tel. 065 02/84 67, nur nach Voranmeldung.
Straußwirtschaft mit typischen moselländischen Kleinigkeiten. Anfang Juni Hoffest und Weinprobiertag. Speisen ab 4,50 €.
Zum Fährturm: Am Jachthafen, Tel. 065 02/913 00, Fax 065 02/ 91 30 50, kein Ruhetag.
Freitagabends kommen gebackene und sauer eingelegte Moselfische auf den Tisch, ansonsten leckere frische Tomatensuppe oder eine traditionelle Winzerpfanne mit Bratkartoffeln und gebackener Blutwurst, alles in maritimem Ambiente im historischen Fährturm direkt am Moselufer. Gebackene und sauer eingelegte Moselfische 8,80 €.

In der Umgebung:
Alte Burg: Maximistr. 39, Longuich, Tel. 065 02/55 87, Mi–Mo.
Speis und Trank wie bei den alten Rittern. Hauptgerichte 9–15 €, Rittermahl mit Programm (nur auf Voranmeldung) 43 €.

Ziele in der Umgebung

Detzem (E 5): Römischer Meilenstein (s. S. 108) und höchste Moselstaustufe auf deutschem Boden (9 m Gefälle zwischen den Wehren).

Besucherbergwerk Fell (E 6): Burgstr. 3, Tel. 065 02/98 85 88 (1. April– 31. Okt.), Tel. 065 02/99 40 19 (1. Nov.–31. März), www.besucher bergwerk-fell.de, April–Ende Okt. tgl. 10–18 Uhr, letzte Führung 17 Uhr. Im Nosserntal gibt es auch einen Schieferstollenwanderweg.

Die beiden Dachschiefergruben aus der Zeit um 1900 liegen 20 km östlich von Trier. Unter Tage demonstrieren lebensgroße Figuren die gefahrvolle Arbeit der Leyenbrecher (Schieferbergleute).

Klüsserath (E 5): Das längste Weindorf der Mosel hat viele schaurig-schöne Geschichten zu erzählen: z. B. von den Ringen an der alten Gerichtslinde, an denen früher die Missetäter angekettet wurden oder von der ehemaligen Wasserburg (heute in Privatbesitz). Zudem Weinlehrpfad und hervorragende Weine der Klüsserather Bruderschaft (z. B. im Weingut Kirsten, Krainstr. 5, Tel. 065 07/991 15).

Wein- und Heimatmuseum Leiwen (E 5): Euchariuskapelle, Tel. 065 07/31 00, Sa 13–16 und nach Vereinbarung.

Longuich (E 5): Römische Villa (s. S. 109) und Alte Burg (Heimat- und Verkehrsverein, Tel. 065 02/17 16). An jedem Wochenende zelebriert der Burgherr hier ein siebengängiges Rittermahl für seine Gäste. Knappen, Mägde, Trommler und Fanfarenspieler sorgen dabei für mittelalterliche Stimmung. Franz Schlöder-Thielen organisiert Lesungen, Ausstellungen und andere kulturelle Ereignisse in Verbindung mit Wein. Tel. 065 02/99 41 11, www.vino thek-alte-burg.de.

Mehring (E 5): römische Villa (s. S. 109) sowie Wein- und Heimatmuseum (Infos Tel. 065 02/14 13).

Riol (E 5): St.-Martins-Kirche mit romanischem Turm (Infos: Heimat- und Verkehrsverein Riol, Tel. 065 02/64 21).

Thörnich (E 5): ältestes Mosel-Wegekreuz (17. Jh.; Infos: Gemeindeverwaltung Thörnich, Tel. 065 07/31 87).

Highlight 10

Traben-Trarbach (G 4)

Jugendstil und Historismus prägen das geschäftige Doppelstädtchen (6300 Einwohner) unter dem Festungsberg Mont Royal. Seine mittelalterliche Substanz fiel zu großen Teilen drei Feuersbrünsten zum Opfer. Um 1900 war die protestantische Enklave an der ansonsten katholischen Mosel die zweitgrößte Weinhandelsstadt in Europa. Ihr enormer Reichtum schlug sich auch in reger Bautätigkeit nieder; es entstanden prachtvolle Villen, entworfen vornehmlich von dem Berliner Architekten Bruno Möhring. Traben auf der linken Moselseite ist die ältere Gemeinde, in ihr wurden Anfang des 20. Jh. nach den vorangegangenen Zerstörungen durch die Stadtbrände ein Großteil der öffentlichen Institutionen in neuen Gebäuden untergebracht. Trarbach gründete sich in einem Bachtal und entwickelte sich erst allmählich in Richtung Fluss. Es nennt heute die meisten Einkaufsadressen sein Eigen und geht fast nahtlos in den Ortsteil Bad Wildenstein mit seiner Thermalquelle über.

Sehenswert

Stadtbild in Traben: Am Brückenkopf fällt als erstes das mächtige **Kaiserliche Postamt** auf, das mit den be-

Über Traben erhebt sich der Mont Royal

nachbarten Gebäuden Winzereck und Lorettahaus ein reich verziertes historistisches Ensemble bildet. Ebenfalls in diesem Stil ist das **ehemalige Rathaus** errichtet. Am linken Moselufer reihen sich hinter dem barocken **Kommandantenhaus**, das von der Festung Mont Royal naturgetreu an den Fluss versetzt wurde, der Aachener Hof, das **Jugendstilhotel Bellevue** sowie eine Möhringvilla. Eine zweite, das **Haus Huesgen,** steht stadtauswärts in Richtung Enkirch.

Festung Mont Royal: über die Römerstraße hinter der Peterskirche gelangt man zu den Ausgrabungen der Festung; Infos über Führungen bei der Tourist-Information.

Ludwig XIV. ließ die Festung von seinem Militärbaumeister Vauban zur Sicherung der linksrheinischen französischen Machtposition anlegen. 1698 wurde sie völlig geschleift, in den 30er Jahren des 20. Jh. wieder freigelegt.

Stadtbild in Trarbach: Hier ragt am Brückenende das Wahrzeichen der Stadt auf, **Möhrings Brückentor.** Es birgt eine Schänke und eine Galerie; die Steinmetzarbeiten zeigen u. a. einen jungen und einen alten Frauenkopf, der eine in Richtung Trier gewandt, der andere in Richtung Koblenz. Sie symbolisieren die um die Jahrhundertwende verbreitete Auffassung von guten und schlechten Weingegenden an der Mosel. In Richtung Bernkastel erhebt sich parallel zum Flussufer das ehemalige **Amtmannshaus** (17. Jh.). Im barocken **Haus Böcking,** das auch Goethe zu seinen Gästen zählte, ist heute das Mittelmoselmuseum (s. u.) untergebracht; benachbart steht das schöne **Kayserhaus.** Es gehörte der gleichen Familie, für die Bruno Möhring später die inzwischen einem Sekthersteller als Abfüllstation dienende **Kellerei Kayser** erbaute. Zwischen den beiden Gebäuden liegt das **Casino** mit dem wohl schönsten Barocksaal der Stadt. Taleinwärts sind an der Mittelstraße noch der **Flankenturm** und an der Grabenstraße der **Wehrturm** als Teil der ehemaligen Stadtbefestigung zu erkennen. Sie hatte ursprünglich sieben Türme. Durch die Rathausstraße gelangt man zum **Marktplatz** von Trarbach, an dessen Seite das **ehemalige Rathaus** steht (die neoklassizistische Fassade blieb erhalten). Um die evangelische Kirche und die ehemalige Lateinschule lassen sich noch **Reste der**

alten Stadtmauer sowie der mittelalterliche **Rittersaal** mit seinem kostbaren gotischen Kapellenerker entdecken. Am Weihertorplatz steht die 1688 für die Versorgung der Festung erbaute **Mont-Royal-Mühle.** Von hier ist es nicht mehr weit zu dem blau-weißen Häuschen der Felsenquelle (Privatbesitz) und zum ehemaligen Parkschlösschen (Hotel).

Ruine Grevenburg: Hoch über Trarbach kündet die Ruine von der einstigen Macht der Grafen von Sponheim. Als Passfeste wurde sie mehrfach belagert. Heute steht von der einst eindrucksvollen Anlage nur noch die Fassade des Kommandantenhauses.

Mittelmoselmuseum: Casinostr. 2, Di–Fr 9.30–12, 13.30– 17, Sa, So, feiertags 10–13 Uhr.
Sammlungen zur regionalen Wohn- und Weinkultur sowie zur Geschichte u. a. des Mont Royal und der Grevenburg. Besonders sehenswert: das Goethezimmer.

Ikonenzentrum Alexej Saweljew: Graacher Str., Stadtteil Kautenbach, Mi, Sa 14.30–16.30, So 11–12 Uhr, www.ikonenzentrum-saweljew.de.
Eher Andachtstätte als Museum.

Spielzeugmuseum: Grabenstr. 34, Tel. 065 41/16 41, Öffnungszeiten variieren, Aushang beachten.

Vinorellum: Weingut Emmert, Am Bahnhof 14a, Tel. 065 41/63 06, Fax 065 41/63 53, www.vinorellum.de.

Historischer Weinkeller, in einigen Teilen zum Weinbaumuseum umgestaltet – von der »Fasswein-Straße« bis zur traditionellen Spindelkelter.

Sport & Freizeit

Kanuverleih: im Hotel Bellevue am Moselufer.

Schwimmen/Badekur/Wellness: Moseltherme, im Stadtteil Bad Wildstein, Wildsteinerweg, Tel. 065 41/830 30, Mo–Fr 9–21, So 9–18 Uhr. Thermal- und Sportbad mit Saunalandschaft und großer Liegewiese, Therapieabteilung für ambulante Behandlungen und Badekuren.

Fahrradverleih, -service: Zweirad-Wagner (Brückenstr. 42); Camphausen (Kogelherrenstr. 7).

Segelfliegen: Sportflugplatz Mont Royal, Tel. 065 41/10 05, Kosten pro mitfliegendem Gast ab ca. 15 €.

Minigolf: Wildbadstr., direkt gegenüber der Moseltherme, älteste Minigolfanlage Deutschlands.

Wandern: Traben-Trarbacher Riesling-Route mit 60 Infotafeln rund um das Thema Moselriesling, Spezialbroschüre bei der Tourist-Information.

Speziell für Kids: Traktorrundfahrten, Tel. 065 41/63 45; Kinderweinprobe (mit Traubensaft), Weingut Emert, Tel. 065 41/63 06.

Nachtwächter & Belle Epoque

Samstags um 15 Uhr startet von der Tourist-Information Traben-Trarbach die kulturgeschichtliche Stadtführung »Auf den Spuren der Belle Epoque«. Weitere Themenrundgänge (für Termine Plakataushänge beachten) widmen sich dem Erbe des Sonnenkönigs und der sagenumwobenen Gräfin Loretta. Auch eine romantische Führung nach Einbruch der Dunkelheit mit dem »singenden Nachtwächter« wird angeboten.

Einkaufen

Kontor: Brückenstr. 2. Internationales Spezialitätengeschäft mit herrlichem Jugendstilinterieur.

Wein: In der Region um Traben-Trarbach gibt es exzellente Weinlagen, darunter den Batterieberg bei Enkirch. Dessen hervorragende Erzeugnisse kann man im elegant umgestalteten alten Burgturm der Familie Immich charmant und kenntnisreich kommentiert probieren (s. S. 54).

Tourist-Information Traben-Trarbach: Bahnstr. 22, 56841 Traben-Trarbach, Tel. 065 41/839 80, 065 41/19 43 33, Fax 065 41/83 98 39, info@traben-trarbach.de, www.traben-trarbach.de.

Ferienappartements Christine: Neue Rathausstr. 13, Tel./Fax 065 41/97 37, Mindestaufenthalt 1 Woche 220–335 € (2–4 Pers.). Nostalgische Appartements für 2–4 Personen im Herzen der Stadt. Mit Minisauna, Waschmaschine, Trockner.

Gästehaus Gass: Fährstr. 11, Tel./Fax 065 41/16 03, ab 34 €. Idyllisches Winzerhaus mit modernem Komfort. Kleines Familienweingut; Proben im Gewölbekeller.

Hotel Bellevue: Am Moselufer, Tel. 065 41/70 30, Fax 065 41/70 34 00, info@bellevue-hotel.de, www.bellevue-hotel.de, 125–200 €. Romantisches, persönlich geführtes Jugendstilhotel direkt am Fluss mit z. T. noch authentischer Ausstattung. Old-

timer-Abholung für Bahnreisende, Sauna, Hallenbad, Beautyfarm, Fahrräder, Feinschmeckerrestaurant Clauss-Feist.
Kurhotel Parkschlösschen: Wildbachstr. 201, Bad Wildstein, Tel. 06541/70 50, Fax 06541/70 51 20, info@parkschloesschen.de, www.parkschloesschen.de, 195 €.
Die wohl exklusivste Ayurveda-Adresse Europas. Historische Architektur, herrlicher Garten.

Campingplätze
Rißbach: Rißbacher Str. 165, Tel. 06541/31 11, 1. April–15. Okt., Stellplatz 6,50 €, Erw. 4,50 €, Kinder 3 €.
Direkt an der Mosel, von Nussbäumen beschattet.
Camping Wolf: Wiedenhofstr. 25, Stadtteil Wolf, Tel. 06541/91 74, 18. April–1. Nov., Stellplatz 6,20 €, Erw. 3,50 €, Kinder 1,80 €.
Mit altem Baumbestand, unmittelbar am Fluss.

Burgschenke: Grevenburg, Tel. 06541/65 12, geschlossen 2. Nov.–31. März und Mo ab 18 Uhr. Versuchen Sie den Moselaal (8,60 €) und die frisch geräucherten Forellen (7,70 €) im zünftigen Burggarten.
Alte Ratsschenke: Kirchstr. 19, Tel. 06541/93 57, Do–Di.
Ältestes Weinhaus in Traben, deftige Winzerküche. Hauptgerichte 10–21 €.
Alte Zunftscheune: Bahnstr. 18, Tel. 06541/97 37, Di–So.
Liebevoll eingerichtete Gaststätte mit kleiner Straßenterrasse – leider ohne Moselblick. Deftige Kost. Hauptgerichte 6,80–17,90 €.
Bauer im Hotel Moseltor: Moselstr. 1, Tel. 06541/65 51, Mi–Mo.
Auf althergebrachte Art wird hier stilvoll oder rustikal-moselländisch (für die Stubb) gekocht. Hauptgerichte 13,50–18,50 €.
Krone Hotel: An der Mosel 93, Tel. 06541/838 70, Di–So.
Feinschmecker- und Regionalküche. Hauptgerichte 11,50–21 €.

Treis-Karden (H 2)

Schon von weitem fällt der »weiße Riese« vor dem Rebgrün von Karden ins Auge. Wer sich dem sakralen Bauwerk nähert und die Bahngleise quert, findet vor seinen mächtigen Mauern ein lauschiges, baumbestandenes Plätzchen mit schattigen Bänken, auf dem so manches Pärchen sich in der Dämmerung niederlässt. Ansonsten herrscht abends meist beschauliche Stille in dem einstigen Chorbischofssitz am linken Moselufer; die Einheimischen rücken die Stühle vor die Tür und plaudern, ein paar versprengte Touristen lassen es sich wohl sein bei Kartenspiel und Wein auf der großen Gasthausterrasse im Angesicht von St. Kastor – dem ältesten Sakralbau der Mosel zwischen Koblenz und Trier. Den schönsten Blick auf die Kirche hat man vom Ufer des Schwesterortes Treis, dessen mittelalterliche Burgen die Talausgänge von Flaum- und Dhünnbach bewachten. Treis selbst wurde im Zweiten Weltkrieg stark zerstört; dennoch blieben einige schöne Fachwerkhäuser und Kirchenbauten erhalten. In Treis-Karden leben etwa 2500 Menschen.

Highlight 11

St. Kastor: Farbenfroh wie ein römischer Tempel sollte der weiße Kirchengigant ursprünglich werden, das steinerne Zeugnis mittelalterlicher Chor-

bzw. Weihbischofsmacht. In drei Phasen entstand der eindrucksvolle »Moseldom« über dem Grab des frühchristlichen Missionars Kastor. Er zählt zu den schönsten (und größten) romanischen Bauten der Mosel. Die beiden wuchtigen Ecktürme des Chors sind dem Fluss zugewandt, ein dritter Quader mit barockem Haubendach steht am Fuß der Weinberge. Die Innenausstattung der Stiftskirche ist eine der reichsten und wertvollsten der ganzen Mosel. Besondere Aufmerksamkeit verdienen der Dreikönigsaltar (14. Jh.), der Broy-Altar (16. Jh.) sowie die älteste erhaltene Großorgel der Orgelbauer-Familie Stumm (1728). Das großartige historische Instrument entfaltet seine Klangpracht regelmäßig bei Konzerten (Führungen auf Anfrage über das Pfarramt, Tel. 026 72/13 08).

Sehenswert

Rund um die Stiftskirche: Hier gruppieren sich die z. T. noch original erhaltenen **Stiftsherrenhäuser** sowie die **Stiftsschule.** In ihr wurde bis zur Gründung der Universität Trier der Priesternachwuchs der gesamten Diözese ausgebildet. Die meisten dieser Gebäude sind heute in Privatbesitz. Ebenfalls bewohnt ist die **Propstei,** unmittelbar vor den Bahngleisen. Sie wurde sorgsam restauriert, ihre farbigen Verzierungen leuchten frisch. Der »Korbisch«, wie die Einheimischen sagen, zählt zu den schönsten romanischen Bauwerken des gesamten Rheinlandes.

Martberg: Auf rund 180 m zwischen Karden und Pommern, über die alte römische Dorfstraße und den Pilgerweg (Unter den Weinbergen) zu erreichen. Ursprünglich lag hier ein befestigtes keltisches Kult- und Verwaltungszentrum. Von Treis aus führten Prozessionen hinauf.

Stiftsmuseum: im renovierten Zehnthaus hinter der Stiftskirche, Mi–Fr 14–17, Sa, So 10–12, 14–17 Uhr. Im ehemaligen Refektorium (1238) der Stiftsherren präsentiert das Museum seine umfangreichen Schätze. Sie dokumentieren 2000 Jahre Ortsgeschichte mit Funden aus keltischer, römischer und fränkischer Zeit.

Sport & Freizeit

Radverleih: bei Familie Leister (Taxibetrieb), St.-Kastor-Str. 23, Tel. 026 72/14 07.
Schwimmen: Spiel- und Spaßbad, Am Jachthafen, Tel. 026 72/73 31.
Wassersport: Bootsverleih im Mosel-Boating-Center, Am Jachthafen, Tel. 74 56. Kanu-Verleih bei MoselBoot, Hauptstr. 7, in Macken, Tel. 026 05/96 01 17 u. 026 05/37 95, Fax 026 05/96 10 98, www.moselboot.de, info@moselboot.de.

Verkehrsamt Treis-Karden: Hauptstr. 27, 56253 Treis-Karden, Tel. 026 72/61 37, Fax 026 72/61 53, info@ferienland-treis-karden.de, www.treis-karden.de.
Verkehrsverein: St.-Kastor-Str. 28, Tel./Fax 026 72/20 54.

Klickerterhof: Klickerterhof 5, Tel. 026 72/71 56, Fax 026 72/82 09, info@klickerterhof.de, www.klickerterhof.de, Ferienwohnung ab 32 € (2 Pers.), Heu ab 15 €. Familie Ternes bietet rustikale Übernachtung im Heu, begleitet von zeitgenössischem Komfort.
Landhaus Saxler/Bäckerei Elsholz: Domplatz, Tel. 026 72/91 23 20, Fax 026 72/91 23 00, 44–47 €. Drei neue DZ und ein 3–4-Bettzimmer im schlichten Landhausstil mit z. T. großem Duschbad. Üppiges Frühstück.

Hotel-Weinhaus Stiftstor:
St.-Kastor-Str. 17,
Tel. 026 72/13 63, Fax 026 72/88 49,
www.hotel-stiftstor.de,
54–58 €.
Altmodische Gemütlichkeit, die auch vor den Gästezimmern nicht Halt macht.

Campingplatz Am Jachthafen: Tel. 026 72/26 13, 026 53/41 12, April–Okt., Stellplatz 5,50 €, Erw. 4 €, Kinder 2,50 €.
Idyllische Freizeitinsel ganz in der Nähe des Freibades; Angelmöglichkeiten, Tischtennis, Abenteuerspielplatz; Tennis und Minigolf nur wenige Minuten entfernt.

Weingut Otto Knaup: Am Rathaus 6, Tel. 026 72/24 46, April–Okt.
Straußwirtschaft mit typischen deftigen Imbissen; Flammkuchen im Herbst. Verkauf von Traubengelee, Winzeressig, Traubenkernöl aus hauseigener Produktion. Speisen ab 4 €.

Alte Weinstube Burg Eltz:
Burg-Eltz-Weg 2,
Tel. 026 72/25 59.
Winzerplatte und andere Deftigkeiten zum Rieslingschoppen. Kleine Terrasse.

Schloss-Hotel Petry: St.-Kastor-Str. 80, Tel. 026 72/93 40, www.schloss hotel-petry.de, Schlossstube Do–Mo, Weinstube kein Ruhetag.
Regionales wie Moselaal leicht verfeinert sowie anspruchsvolle Saisonküche; gemütlich. Schlosstube: Hauptgerichte 21–25 €, Menü 53 €, Weinstube: Hauptgerichte 9–25 €.

Ziele in der Umgebung

Flaumbachtal (H 2/3–G 3): Hier sind das im 13. Jh. gegründete Prämonstratenserinnen-Kloster Engelport und der Schieferstollen Charlotte mit staub- und allergenfreier Luft (Mo–Mi u. Fr 14–20, Sa–So 10–20 Uhr, Tel. 026 72/13 69) einen Besuch wert.

Highlight

Trier (D 6)

Zweites Rom, fußgängerfreundlichste Stadt Deutschlands, Verkehrsknotenpunkt, Universitätssitz, Shoppingmetropole, 3 Mio. Reben auf dem Stadtgebiet – Trier hat viele Gesichter. Das dichte Nebeneinander von Historischem und Modernem, Architektur und Natur macht den Charme der Stadt aus und zieht alljährlich Tausende von Besuchern an. Die Nähe zu den Nachbarn im Vierländereck ist überall deutlich zu spüren, denn nur 30 Autominuten sind es bis zur französischen Grenze, nur wenig mehr nach Belgien, und Luxemburg liegt quasi vor der Tür. Vom Trubel an den Baudenkmälern – allein neun wurden in die Liste des UNESCO-Weltkulturerbes aufgenommen – und in den Einkaufsstraßen kann man in zahlreichen Parks und an stillen Plätzen entspannen, hinter dem Amphitheater beginnen sogleich die Weinberge.

Mehr als 2000 Jahre Geschichte birgt die quirlige, nach den Kriegszerstörungen im historischen Kern weitgehend restaurierte Stadt (100 000 Einwohner). Bereits 16 v. Chr. wurde sie als Augusta Treverorum – Stadt des Augustus im Land der Treverer – gegründet. Das Erbe dieser Blütezeit wird aktiv und fantasievoll verwaltet. Neben der römischen haben aber auch andere Epochen ihre Spuren im Stadtbild hinterlassen: Romanik, Gotik, Renaissance und Barock. So gerät der Gang durch Triers Altstadt zu einer abwechslungsreichen und zuweilen überraschenden Stil- und Zeitreise.

Sehenswert

Porta Nigra: Ostern–Sept. tgl. 9–18, Okt.–Ostern 10–16 Uhr.
Wahrzeichen der Stadt ist das Schwarze Tor. Es ist die größte noch erhaltene Torburg aus römischer Zeit (2. Jh.).

Simeonstift: Seitlich des im Mittelalter zur Kirchenburg umgestalteten Wehrbaus steht das 1034 errichtete Stift (heute Städtisches Museum; s. u.), dessen teilweise erhaltener Kreuzgang zu den ältesten Deutschlands zählt.

Am Hauptmarkt: Durch die verkehrsberuhigte Simeonstraße, vorbei an dem prachtvollen frühgotischen **Dreikönigenhaus** (heute Café) und dem einstigen jüdischen Ghetto (Stockstr./Judengasse) gelangt man zum Herz der Stadt, dem Hauptmarkt mit dem **Petrusbrunnen** (barocke Darstellung der vier Kardinaltugenden). Die augenfälligsten Bauwerke sind neben dem üppigen Portal zur **Marktkirche St. Gangolf** mit ihrem beeindruckenden Turm die **Steipe** (15. Jh.), einst Fest- und Trinkhaus der Trierer Ratsherren, und das **Rote Haus** (17. Jh). An seinem Giebel prangt in goldenen Lettern »Ante Romam Treveris stetit annis mille trecentis« – die (unwahre) Behauptung, Trier habe bereits 1300 Jahre vor Rom bestanden. In der Dietrichstraße 5 erhebt sich der **Frankenturm,** ein romanischer Wohnturm (11. Jh.).

Dombezirk: Die kleine Sternstraße führt vom Hauptmarkt zum Domfreihof und zur Doppelkirchenanlage **Dom St. Peter** und **Liebfrauenkirche.** Hier stand ursprünglich ein römischer Kaiserpalast. Ihm folgten zahlreiche weitere Bauprojekte – von der wohl größten frühchristlichen Doppelkirche bis zur letzten Domumgestaltung Anfang des 18. Jh. In der **Domschatzkammer** (s. u.) ist die berühmteste Trierer Reliquie, der »Heilige Rock« Christi, zu sehen; die Liebfrauenkirche besticht durch ihren ungewöhnlichen Grundriss in Gestalt einer zwölfblättrigen Rose.

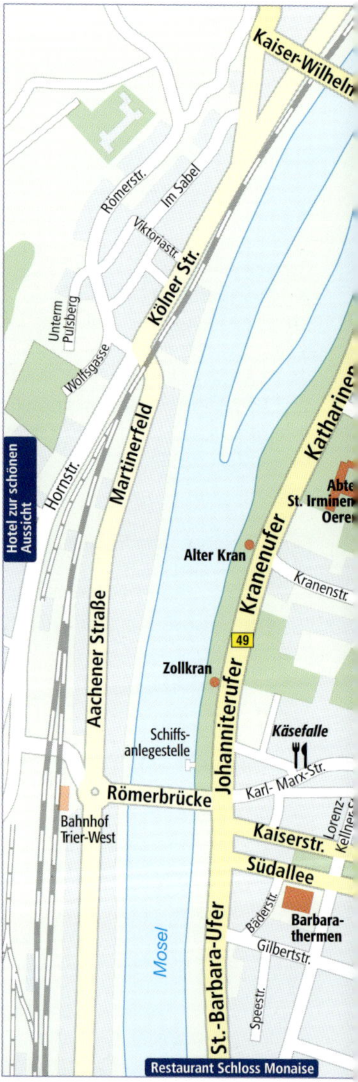

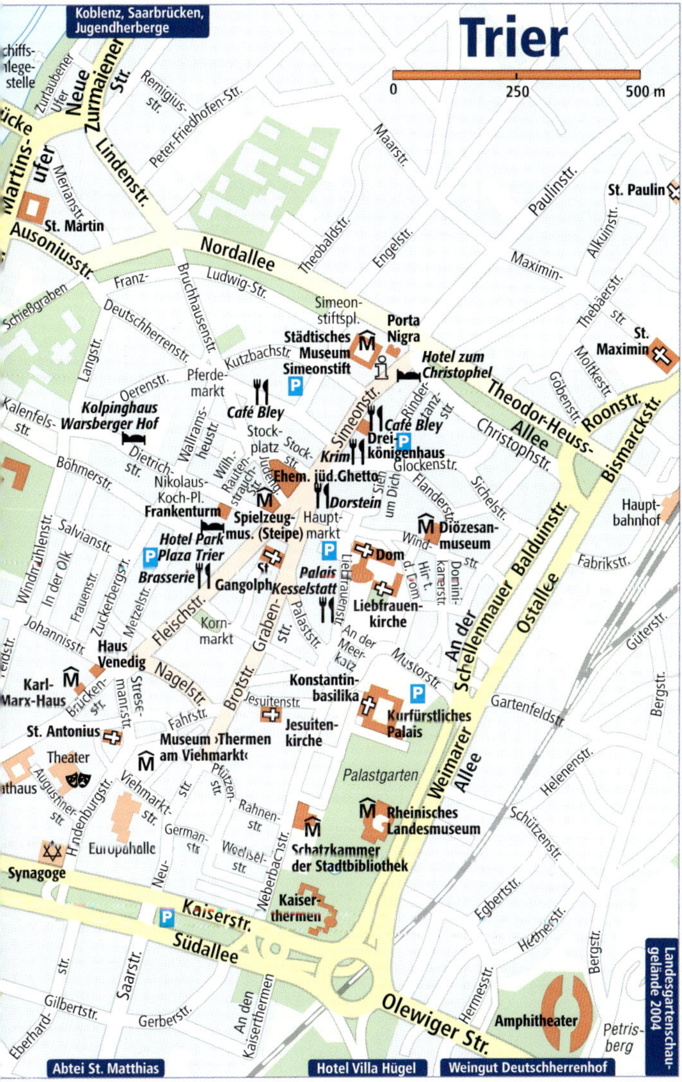

Palais Kesselstatt: Die lang gestreckte Gebäudefassade gegenüber den Gotteshäusern gehört zum Stadtsitz einer bedeutenden Reichsgrafenfamilie. Wie so vieles in Trier, errichtete man auch ihn auf römischen Fundamenten.

Palastaula: Konstantinplatz, Mo–Sa 10–18, So 12–18 Uhr.
Imposant: der Block der Palastaula/Konstantinbasilika. Ohne die nachträglich angebrachten Vorbauten wirkte der Hallenbau, dessen riesiger Innen-

raum einst komplett mit Marmor verkleidet war, natürlich noch eindrucksvoller. Kaiser Konstantin ließ das Prachtstück um 310 errichten.

Kurfürstliches Palais: Wie angeklebt an diesen römischen Prunkbau scheint dieses Renaissanceschloss. Für das Palais nach dem Vorbild der Würzburger Residenz wurden Teile der Palastaula abgerissen, ihr Westflügel in den Neubau mit einbezogen. Südlich des Palais und seiner barocken Hauptfassade erstreckt sich der Palastgarten mit dem Gebäude des Rheinischen Landesmuseums (s. u.) bis hin zu den Kaiserthermen.

Kaiserthermen: im südlichen Teil des Palastgartens, 1. Jan.–31. März u. 1. Okt.–30. Nov. 9–17, 1. April–30. Sept. 9–18, 1.–31. Dez. 9–16 Uhr.
Von dem römischen Bäderpalast mit Sportplatz sind das Mauerwerk des Warmbades und das weitläufige Kellergeschoss mit den Brennstellen für die Beheizung erhalten.

Amphitheater: Olewiger Str., Öffnungszeiten wie Kaiserthermen.
Etwas außerhalb des Stadtkerns liegt das Amphitheater. Die um 100 n. Chr. erbaute Arena für Gladiatoren- und Tierkämpfe bot annähernd 20 000 Zuschauern Platz.

Barbarathermen: Südallee/Friedrich-Wilhelm-Str. Die Barbarathermen sind aufgrund von Baumaßnahmen derzeit geschlossen, das Datum der Wiedereröffnung stand bei Redaktionsschluss noch nicht fest.
Wendet man sich moselwärts, gelangt man kurz vor dem Ufer mit den historischen Zollkränen und der Römerbrücke (mit Pfeilern aus römischer Zeit) zu den Barbarathermen, der drittgrößten Badeanlage des antiken Weltreichs.

Karl-Marx-Geburtshaus: Brückenstr. 10, Öffnungszeiten s. u.
Gleich neben dem Geburtshaus des Philosophen (heute Museum, s. u.), dessen Schriften den Lauf der Geschichte entscheidend beeinflussten, verdient das üppig verzierte Haus Venedig einen Blick.

Landesgartenschau: auf dem Trierer Petrisberg (22.4.–24.10.2004).

Rheinisches Landesmuseum: Weimarer Allee 1, www.landesmuseum-trier.de, Mo–Fr 9.30–17, Sa, So, feiertags 10.30–17 Uhr, Nov.–April Mo geschlossen.
Exquisite Dokumente der Römerzeit: Grabdenkmäler, Mosaike, das Neumagener Weinschiff etc.

Städtisches Museum: im Simeonstift, an der Porta Nigra, www.museum-trier.de, Nov.–Ende März Di–Fr 9–17, Sa, So, feiertags 9–15, April–Okt. tgl. 9–17 Uhr.
Stadt- und Kulturgeschichte des Trierer Landes u. a. mit Gemälden, Skulpturen, Stadtmodell.

Bischöfliches Dom- und Diözesanmuseum: Windstr. 6–8, www.museum.bistum-trier.de, April–Okt. Mo–Sa 9–17, So, feiertags 13–17 Uhr; Nov.–März Di–Sa 9–13 u.14–17, So, feiertags 13–17 Uhr.
Hauptattraktion ist das restaurierte Deckengemälde aus dem Konstantinpalast.

Domschatzkammer: Nov.–März Mo–Sa 11–16, So 13.30–16 Uhr, April–Okt. 1 Std. länger; s. S. 84.

Museum Thermen am Viehmarkt: Viehmarktplatz, Di–So 9–17 Uhr.
Römische Grabungsfunde.

Schatzkammer der Stadtbibliothek: Weberbachstr. 25, Mo 13–17, Di–Fr 10–13, 14–17 Uhr.
Mittelalterliche Handschriftensammlung, historische Karten und Globen.

Karl-Marx-Haus: Brückenstr. 10, Nov.–März Mo 14–17, Di–So 10–13,

Weinprobe im Rheinischen Landesmuseum

Jedes Jahr im Spätherbst veranstalten die Weinwerbung Mosel-Saar-Ruwer und die Landwirtschaftskammer Rheinland-Pfalz das »Weinforum« in Trier. Rund 100 prämierte Sekte und Weine aller Qualitätsstufen werden dabei im Rheinischen Landesmuseum vor einmaliger historischer Kulisse präsentiert. Zielgruppe sind nicht nur echte Weinkenner, sondern alle Liebhaber des Rebensafts. Für rund 20 € (Tageskarte) können beliebig viele Weine probiert werden. Die Tickets berechtigen auch zur freien Fahrt mit öffentlichen Verkehrsmitteln in der Region Trier. Infos & Karten bei Mosel-Saar-Ruwer Wein e. V., Gartenfeldstraße 12a, 54295 Trier, Tel. 06 51/71 02 80, www.msr-wein.de, und Weinbauamt Wittlich, Friedrichstraße 20, 54516 Wittlich, Tel. 06571 917330, www.lwk-rlp.de.

14–17 Uhr; April–Okt. Mo 13–18, Di–So 10–18 Uhr.
Geburtshaus des politischen Reformers mit Dokumenten zu seinem Leben und der frühen Arbeiterbewegung.

Spielzeugmuseum: Steipe, Hauptmarkt/Jakobstr. 1, tgl. 11–17 Uhr. Puppen, Spielzeug, Modelleisenbahnen.

Sport & Freizeit

Stadtführungen zu verschiedenen Themen, darunter auch »Dämonologischer Stadtrundgang. Auf den Spuren der Hexenverbrennung«. Dauer ca. 2 Std. (Infos bei der Tourist-Information).

Rundflüge: ab Trier-Föhren Drive & Fly Luftfahrt GmbH, Tel. 065 02/98 07 87, Fax 065 02/98 07 89, www.drive-and-fly.de, Michael Durwen, Tel. 065 31/ 942 58 oder 01 72/685 55 75, Fax 065 31/942 58.

Drachenfliegen/Paragliding:
Startrampen für Drachenflieger in Mehring, Veldenz, Zeltingen, Ockfen, Serrig. Infos über Drachenfliegerclub (DFC) Trier, Tel. 065 02/30 60 oder 065 02/ 99 03 3 oder 065 31/94 67 7. DFC Moselfalken, Tel. 065 02/93 69 60.

Paragliding: Schnupper-Tandem-Flug ab Startplatz Klüsserath: Infos unter Tel. 065 02/93 69 60 oder 065 02/54 54. Flugplätze für Gleitschirmfliegen in Mehring, Veldenz und Zeltingen.

Golf: Golfclub Trier, Ensch-Birkenheck, Tel. 065 07/99 32 55, www.golf-club-trier.de.
Einen Weinberg und zwei Biotope umfasst dieser 18-Loch-Platz.

Eissporthalle Trier: Diedenhofener Str. 29, Tel. 06 51/808 00 (Öffnungszeiten erfragen), Okt.–März Di–So, mit Schlittschuhverleih.

Schwimmen: Stadtbad Trier (Hallenbad), Südallee 10–12, Tel. 06 51/717 23 50, ganzjährig Mo 13–22, Di–Fr 6–22, Sa 6–21, So, feiertags 9–17 Uhr. Freibad Trier-Süd, An der Härenwies, Tel. 06 51/315 09, ca. Juni–Aug. werktags 12–20, in den Sommerferien 10–20, Sa/So 10–18 bzw. 20 Uhr. Freibad Trier-Nord, Zurmaiener Str. 122, Tel. 06 51/ 21 51 45, ca. Ende April–Sept. werktags 6–19.30, Sa, So feiertags 9–18 bzw. 19.30 Uhr.

Reiten: Reitanlage Hofgut Monaise, Tel. 06 51/843 45 und 06 51/808 55; Reitanlage Trimmelter Hof, Tel. 06 51/ 183 26. Reit- und Springplatz.

Weinlehrpfad Trier-Olewig: beginnt in unmittelbarer Nähe des Amphitheaters (1600 m).
Sehenswertes und Merkwürdiges rund um den Weinstock.

Wein und Sekt in historischen Mauern

Vor den Toren Triers, im Stadtteil Eitelsbach, betreiben die Brüder Tyrell in einem ehemaligen Klosterbesitz das Weingut Kartäuserhof. Verkostungen von Riesling und Weißburgunder finden im historischen Probiersaal mit seinen herrlichen Kachelbildern statt (Sa, So; unbedingt anmelden unter Tel. 06 51/51 21). Fast wie ein Ritter fühlt man sich bei einer Weinprobe im Weingut Reichsgraf von Kesselstatt. Im Sommer wird im Schlosspark traditionell das Vollmondfest gefeiert – mit erlesenen Speisen, hauseigenen Weinen und hochkarätiger Live-Musik (Schlossgut Marienlay, Morscheid, Ruwertal, Tel. 065 00/916 90, www.kesselstatt.com). Im Trierischen Jugendstildomizil der Saar-Mosel Winzersekt GmbH kann man nach einer Kellerführung die prickelnden Erzeugnisse gleich selbst probieren (Gilbertstr. 34, Tel. 06 51/97 52 90, Fax 06 51/975 29 20).

Skaten: Verleih von Inline-Skates: Trick 17, Böhmerstr. 29, Tel. 06 51/994 17 17 oder an der Verleihstation am Moselradweg in Riol.

Fahrradverleih: Radstation Hauptbahnhof Trier, Tel. 06 51/14 88 56; TINA Jugendwerkstatt, Hornstr. 32, Tel. 06 51/895 55; Jugendherberge Trier, Tel. 06 51/14 66 20; Campingplatz Trier-City, Luxemburger Str. 81, Tel. 06 51/869 21; Phoenix Radshop, Paulinstr. 156, Tel. 06 51/136 86. Triers Fußgängerzone ist bis 21 Uhr für Radfahrer tabu. Am Busparkplatz »Simeonstiftplatz« stehen zum Parken der Räder vier abschließbare Fahrradboxen (Gebühr).

Kutschfahrten: Rudolf Alt, Nellstr. 26, Tel. 06 51/242 15.

Einkaufen

Rappelkiste: Liebfrauenstr. 5–6.
Spielwaren, vor allem aus Holz. Kunsthandwerk, Freizeitartikel (Boule, YoYo).

Konplott: Neustr. 16.
Designerschmuck.

Persona Grata: Am Stockplatz/Jakobstr. 31. Designerklamotten von Joop und Versace.

Stephanus: Fleischstr. 16.
Virtuelle Buchhandlung mit Online-Bestellservice.

Alleecenter: Ostallee.
Neues Einkaufszentrum am Bahnhof mit Mediamarkt, Schuhladen, Modeboutiquen, Fitnesscenter etc.

Ausgehen

Die In-Kneipen, Bars und Cocktailadressen konzentrieren sich Am Viehmarktplatz, z. B. das Havanna, das Barocca und das Café Greco.

Palais Walderdorff's: Domfreihof 1a, Tel. 06 51/99 46 92 10.
Von der Vinothek über Restaurant und Jazzclub bis zum diskoartigen »Palais« mit Theke birgt diese angesagte Adresse alle Möglichkeiten.

Riverside: Zurmaiener Str. 173, Tel. 06 51/210 06.
Groß-Disko am Verteilerkreisel mit viel Zulauf, breitem Musikangebot, sechs verschiedenen Gastronomieangeboten.

Kulturzentrum Tuchfabrik:
Weberbach/Wechselstr., Tel. 06 51/718 24 10, 06 51/407 17, Fax 06 51/718 24 18, www.tufa-trier.de, Ausstellungen tgl. 10–17 Uhr, Konzert- und Theatervorstellungen ab 20 Uhr.

Stadttheater: Am Augustinerhof, Tel. 06 51/718 18 18 (Kasse), 06 51/718 34 64 (Pforte), Fax

06 51/718 14 68, www.theater-trier.de, Kassen-Öffnungszeiten: Di–Fr 9.30–14, 15.30–20, Sa 10–12.30 u. 18.30–19.30, So, 11–12.30 u. 18.30–19.30 Uhr sowie eine Stunde vor Vorstellungsbeginn.
Drei-Sparten-Haus.

Feste & Unterhaltung

Altstadtfest (Ende Juni),
Antikenfestspiele (Ende Juni–Ende Juli), **Elblingfest** (auf dem Viehmarkt; Mitte Aug.).
Brot und Spiele (3 Tage Mitte Aug.): Römische Spektakel mit Handwerk und Musik in den Kaiserthermen. Info: Medienfabrik Trier, Tel. 06 51/82 46 220.
Jazz im Brunnenhof (neben der Porta Nigra; Juli/Aug.),
Moselfest (im Stadtteil Zurlauben; Anfang Juli),
Weinfest (im Stadtteil Olewig; Anfang Aug.),
Allerheiligenmesse (Kirmes auf dem Viehmarktplatz; rund um den 1. Nov.).

Tourist-Information Trier: an der Porta Nigra, 54290 Trier, Tel. 06 51/97 80 80, Fax 06 51/447 59, info@tit.de, www.trier.de.

Kolpinghaus Warsberger Hof: Dietrichstr. 42, Tel. 06 51/97 52 50, Fax 06 51/975 25 40, hwww.warsberger-hof.de, 44 €. Jugendgästehaus unweit vom Hauptmarkt. Nur Mehrbettzimmer, Gartenwirtschaft und Freiterrasse zum Rautenstrauchpark.
Hotel Zur Schönen Aussicht: Markusberg 32, Tel. 06 51/82 72 60,

Kaiserthermen

Spaß auf Rädern

Dreiräder für Erwachsene und Funbikes, in denen wie in einem hochbeinigen Gokart vier Personen neben- und hintereinander sitzen können, kann man in Konz leihen: Rent a Bike, Konstantinstr. 1, Tel. 065 01/121 96, www.rentabike-mosel.de.

Fax 06 51/827 26 26, annettenuss@freenet.de, 45–60 €.
Gutbürgerliches Ausflugsziel auf der linken Moselseite, einfach.
Hotel Zum Christophel: Simeonstr. 1, an der Porta Nigra, Tel. 06 51/979 42 00, Fax 06 51/747 32, www.zumchristophel.de, 85–90 €.
Freundliches kleines Innenstadthotel. In Zimmer 32 Blick vom Bett aus direkt auf die Porta Nigra. Eigene Garagenplätze.
Hotel Villa Hügel: Bernhardstr. 14, Tel. 06 51/93 71 00, Fax 06 51/37 958, info@hotel-villa-huegel.de, www.hotel-villa-huegel.de, 99–139 €.
Elegante Jugendstilvilla oberhalb der Kaiserthermen inmitten eines parkähnlichen Gartens, ca. 10 Gehminuten vom Zentrum. Mit Panorama- und Sonnenterrasse, Hallenbad, Sauna.
Park Plaza Trier: Nikolaus-Koch-Platz 1, Tel. 06 51/999 30, Fax 06 51/999 35 55, info@parkplaza-trier.de, www.parkplaza-trier.de, 120–150 €.
Modern designtes 4-Sterne-Haus mit großem römischen Wellnessbereich (6–22.30 Uhr).

In der Umgebung:
Landhaus St. Urban: Büdlicher Brück 1, Naurath/Wald, Tel. 065 09/914 00, Fax 065 09/91 40 40, landhaus-st-urban@t-online.de, www.landhaus-st-urban.de, Landhauszimmer 80–95 €, Themenzimmer 100–160 €, Suiten 180 €.
Feines Landhotel mit Themenzimmern wie »Weinselig«, »Olivenhain« oder »Ein Bett im Kornfeld«. Harald Rüssel verwöhnt in der ehemaligen Mühle mit modern interpretierter Traditionsküche.

Im **Stadtteil Zurlauben** (Trierisch: Zalaawen) lädt die Uferpromenade nicht nur zum Spazieren, sondern auch zum Speisen ein – mit mehr als 750 Sitzplätzen im Freien!
Weingut Deutschherrenhof: Olewiger Str. 181, Tel. 06 51/311 13, Weinstube nur Fr/Sa und nach Vereinbarung geöffnet.
Rustikale Weinstube, Spezialitäten vom Buchenholzgrill. Speisen ab 6 €.
Weinstube Palais Kesselstatt: Liebfrauenstr. 10, Tel. 06 51/411 78, kein Ruhetag.
Uriges Fass- und Weinpressenambiente mit Selbstbedienung. Spundekäs, Schinkenteller, Suppen. Menüs ab 14,50 €.
Brasserie: Fleischstr. 12, Tel. 06 51/97 80 00, Mo–Sa.
Brauereiausschank mit abwechslungsreicher Karte. Hauptgerichte ab 9 €.
Café Bley: Simeonstr. 19, Tel. 06 51/736 80, manchmal So geschlossen.
Traditionscafé im Dreikönigshaus. Torten 2,10–2,30 €.
Käsefalle – Das Käserestaurant: Karl-Marx-Str. 70b, Tel. 06 51/732 29, Mi–So.
Alles von oder zumindest mit Käse. Raclette ab 9,70 €, Käsefondue ab 11,70 €
Restaurant Krim: Glockengasse 7, Tel. 06 51/739 43, kein Ruhetag.
Mediterrane Küche. Außerdem gute Frühstücksadresse. Hauptgerichte zwischen 5,20 und 20 €.
Zum Domstein: Am Hauptmarkt 5, Tel. 06 51/744 90, tgl. geöffnet.

Römische Gerichte wie Linsen mit Muscheln oder Fischauflauf mit Pinien-Dattel-Sauce. Menüs ab 14,50 €.

Restaurant Schloss Monaise: Ortsteil Zewen, Schloss Monaise 7, Tel. 06 51/82 86 70, Sept.–April Mo ganztags und Di mittags geschlossen, Mai–Aug. Mo mittags und Di mittags geschlossen.
Frische Marktküche, großer Biergarten mit Außengrill. Hauptgerichte 19–25 €, Regional-Menü (3 Gänge) 25 €.

Ziele in der Umgebung

Naherholungsgebiet Weißhauswald: zu Fuß in etwa 30 Min. über die Kaiser-Wilhelm-Brücke zu erreichen, mit dem Auto über die Bitburger Straße. Fast 40 km Wanderwege, Waldlehrpfad, Wildfreigehege, Kinderspielplatz und Haus des Waldes.

Konz (C 6): Am Zusammenfluss von Mosel und Saar errichteten die Römer eine Sommerresidenz für ihren Kaiser. Bei einem Besuch schrieb der Dichter Ausonius hier an seiner »Mosella«. Auf den Resten der römischen Villa steht inzwischen die Pfarrkirche St. Nikolaus. Die mächtige Kartause (17. Jh.) beherbergt heute ein Kulturzentrum.

Volkskunde- und Freilichtmuseum Roscheider Hof: etwas außerhalb von Konz gelegen, Tel. 065 01/927 10, Fax 065 01/92 71 11, www.roscheiderhof.de, Mo–Fr 9–18, Sa, So, feiertags 10–18 Uhr, Gutsschänke im Innenhof.
Das ehemalige Hofgut der Benediktinerabtei St. Matthias in Trier umfasst Exponate zur ländlichen Alltagskultur (z. B. Leinenherstellung) wie zum früheren Leben der Region Mosel-Saar. Außerdem Wechselausstellungen, z. B. zur Viez- und Schnapsherstellung. Im Okt. Keltertag; im Sept. Bauernmarkt und Handwerkstag.

Viezstraße

Von Könen über Tawern, Onsdorf, Fisch, Helfant, Ensingen, Dilmant und Kreuzweiler führt die Viezstraße hinab ins Saarland. An der mit dem Logo eines rot-grünen Apfels gekennzeichneten Cidre-Route liegen u. a. eine Kelterstation und eine Edelobstbrennerei sowie landwirtschaftliche Selbstvermarkter mit Probiermöglichkeit und Gastbetriebe, die sich des Themas »Apfel« annehmen (www.viezstrasse-online.de). Bei Perl-Nennig mündet zudem der 110 km lange Streuobstwanderweg, der bei Wadern-Kostenbach seinen Anfang nimmt.

Tawern (C 6): rekonstruierte römische Tempelanlage auf dem Metzenberg.

Oberbillig (C 6): Neues Haus der Fischerei, Moselstr. 45, Mo–Mi u. Sa 17–19, Do 13–19, Fr 10–19, So 12–19 Uhr, www.haus-der-fischerei.de.
Multimedial bereitet das Haus der Fischerei Wissenswertes rund um die Geschichte und Gegenwart der Moselfischerei auf. Außerdem: Restaurant, Weingarten und Fischladen mit eigener Räucherkammer sowie Bildungsstätte und Servicezentrum für die Binnenfischerei.

Trittenheim (E 5)

Im Verhältnis zu seiner Einwohnerzahl weist das in einer Moselschleife am linken Flussufer gelegene, eher unspektakuläre Weinörtchen (erstmals urkundlich erwähnt 893 im »Prümer Urbar«; 1200 Einwohner) wohl die höchste

Winzerdichte der Mosel auf: 150 Familien mindestens arbeiten in den Reben; fast jedes Haus verkauft Wein. »Trittenheimer Altärchen« und »Trittenheimer Apotheke« gehören zu den bekanntesten Lagen an der Mosel. Der Trittenheimer Winzersohn Johannes Zeller machte im 15. Jh. unter dem Namen Trithemius als humanistischer Gelehrter europaweit von sich reden.

In der zu Trittenheim gehörenden Siedlung »Im Dhrönchen« (ca. 1,5 km südöstlich von Leiwen) im Dhrontal auf der gegenüberliegenden Moselseite wurde am 26. Juni 1906 der bekannte Moseldichter Stefan Andres geboren. Getauft wurde er in der Leiwener Pfarrkirche. 1910 zog er mit seinen Eltern nach Schweich um.

Sehenswert

Moselbrücke mit Trithemius-Denkmal: Die Trittenheimer setzten dem Universalgelehrten aus ihren Reihen – seine wissenschaftlichen Abhandlungen umfassen annähernd 80 Bände – an der einzigen Brücke ihres Ortes ein ehrenvolles Denkmal. Von der historischen Brücke über die Mosel – parallel zu den beiden alten Fährtürmen – blieb nur ein Teil. Ergänzt um einen neuen führt sie hinüber zur steilen Zummethöhe.

Aussichtspunkt Zummethöhe: Von hier oben hat man einen großartigen Panoramablick über die gesamte Moselschleife. Inmitten der gegenüberliegenden Weinberge erspäht man auch die spätmittelalterliche **Laurentiuskirche** (erweitert 1583). Vier der Bildstöcke auf dem Weg dort hinauf wurden 1654 von Winzerfamilien gestiftet, nachdem eine Pestseuche vorüber war.

Noch weiter auf der Höhe, mit herrlichem Blick auf das Moseltal, steht, beschattet von dichtem Niederwald, der **»Hinkelstein«.** Er ist einer der wenigen in der Region erhaltenen Menhire; ein Zeugnis also der Megalith-Kultur, die weit vor keltischer Zeit in ganz Westeuropa herrschte. Nach Trittenheimer Überlieferung wird er »Eselstratt« (Eselstritt) genannt – wegen der runden Vertiefung im unteren Bereich.

Einkaufen

Traubenkernprodukte: Aus Trittenheim kommt auch hervorragendes Traubenkernöl – die Firma Vitis vertreibt es von hier aus ausschließlich über Winzer, Zimmervermieter, Hotels und ausgewählte Geschäfte. Gleiches gilt für ihr Traubenkernmehl sowie Sonnen-, Haut- und Badeöl auf der Basis von Traubenkernen.

Tourist-Information: Moselweinstr. 55, 54349 Trittenheim, Tel. 065 07/22 27, Fax 065 07/20 40, tourist-info.trittenheim@t-online.de, www.moselvielfalt.de.

Weingut Gästehaus Anton Maringer: Olkstr. 1, Tel. 065 07/25 20, Fax 065 07/68 84, 43 €.
Ruhige Privatzimmer bzw. Appartements mit Küche am Saum eines Rebenfeldes unweit der Mosel.

Haus an der Brücke Clüsserath-Weiler: Tel. 065 07/50 11, Fax 065 07/56 05, 55–60 €.
Gemütliche Zimmer im Landhausstil im familiären Art-déco-Weinhaus am Brückenkopf.

Krone Riesling: Moselpromenade 9, Tel. 065 07/926 30, Fax 065 07/ 92 63 40, info@krone-riesling.de, www.krone-riesling.de, 65–85 €.
Großzügige, moderne Zimmer in einem umgebauten Weinhof direkt an der

Der Gleithang von Trittenheim

Mosel; hauseigenes Hallenbad, Restaurant.

Heribert Boch: Moselweinstr. 62, Tel. 065 07/27 13, So nachmittags geschlossen.
Deftige Kleinigkeiten beim Winzer. Speisen 4,50–5,50 €.
Krone Riesling: Adresse s. o., Mi–Mo.
Frische saisonale Küche; Weine von 25 Moselwinzern. Überdachte Terrasse unweit vom hier autofreien Moselufer. Hauptgerichte 14,50–21 €.

Ürzig (F 4)

Fernsehfreaks kennen Ürzig garantiert vom Bildschirm: Unter dem Namen Moselbrück bildete das schmucke Weinörtchen (1100 Einwohner) im nördlichen Teil der Terrassenmosel die Kulisse für eine Winzerfamiliensaga.

Sehenswert

Ortsbild: Architektonischer »Hauptdarsteller« der Serie »Moselbrück« ist der **Mönchhof,** ein neobarockes Gebäude an der Hauptstraße. Angrenzend an seine stattlichen Mauern bilden die steilen Rebhänge der Lage »Ürziger Würzgarten«, die zu den Spitzenlagen an der Mosel zählt, einen herrlichen grünen Rahmen. Der Ortskern mit seinen engen Gassen und prächtigen **Fachwerkhäusern** – vor allem in der Brunnen- und Würzgartenstraße – geht zurück auf das Mittelalter. Ürzig gehört somit zu den ältesten Siedlungen an der Mosel; zahlreiche Abteien und Adelige besaßen Rebland in der Gemarkung und ließen sich imposante Weinhöfe errichten. Vom Reichtum und Selbstbewusstsein der »Rotschwänzchen«, wie die Ürziger scherzhaft genannt werden, zeugen u. a. auch das mächtige **Rathaus** aus dem Jahr 1588 sowie zahlreiche Gebäude in seiner Nachbarschaft. Ürzig rühmt sich zudem, die älteste **Sonnenuhr** im Moseltal zu besitzen – angebracht ist sie an einer exponierten Stelle am Felsen.

Feste & Unterhaltung

Alljährlich im Juli und Sept. feiert der Mönchhof ein **Hoffest** (Termine unter Tel. 065 32/931 64). Nächtlicher Karnevalsumzug mit fantasievollen Wagen und Kostümen.

Verkehrsbüro Ürzig: Rathaus 1, 54539 Ürzig, Tel. 065 32/26 20, Fax 065 32/ 51 60, info@uerzig-mosel.de, www.uerzig.de.

Gästehaus Weingut Derkum: Rathausplatz 1, Tel. 065 32/21 82, Fax 065 32/17 16, weingutderkum@t-online.de, 36–45 €.
Behagliche Gästezimmer, meist mit schrägen Holzdecken. Familiäre Atmosphäre.
Hotel Zur Traube: Moselufer 16, Tel. 065 32/93 08 30, Fax 065 32/ 930 83 11, 57–130 €.
Das Ehepaar Schäfer hat das alte Weinhaus der Familie liebevoll zum modernen kleinen Hotel ausgebaut. Zimmer mit Balkon zur Mosel (d. h. auch zur Hauptstraße); leiser geht es in den seitlich liegenden Nichtraucher-Zimmern zu. Auf dem Nachttisch findet sich ein Exemplar des Romans »Moselbrück«. Gutes Restaurant mit Straßenterrasse.

Wein- und Vesperstübchen Christa Erbes: Moselufer 19, Tel. 065 32/21 37, Mai–Okt. tgl.
Deftiges aus eigener Metzgerei. Lecker das herrlich frische Tartar (5,50 €).
Weingut Rebenhof: Hübel 2 und 3, Tel. 065 32/45 46, info@rebenhof.de, www.rebenhof.de.
Winzer Johannes Schmitz bietet regelmäßig kulinarische Erlebniswochenenden sowie ab sechs Personen ein Fünf-Gänge-Weinmenü an; man kann ihm außerdem bei der Sektherstellung zuschauen. Weinprobe mit kleinem Menü 15–20 € (nur auf Voranmeldung), Gourmetmenüs (zu festen Terminen) 40–60 €.
Ürziger Würzgarten: Moselufer 44 Tel. 065 32/95 33 81, www.hotel-uerziger-wuerzgarten.de , Do–Di.
Feines und Deftiges je nach Saison von regionalen Produzenten, teilweise aus dynamisch-biologischem Anbau; selbst gezogene Kräuter. Komfortables Hotel, neu renovierte helle Zimmer. Hauptgerichte 12–20, Weinmenüs ca. ab 26 €.
Weinhaus Moselschild: Moselufer 12–14, Tel. 065 32/939 30, moselschild@t-online.de, www.moselschild.de, tgl. geöffnet.
Gehobene Regionalküche mit Anklängen an mediterrane Kompositionen. Ausführliche Weinkarte. Menü 20–57 €, à la carte 22–45 €.

Ziele in der Umgebung

Wittlich (E 4): Nur 11 km sind es bis zu dem für seine Säubrennerkirmes (Ende August) bekannten Städtchen mit der barocken Markuskirche (moderne Glasfenster von Georg Meistermann), schönem barocken Marktplatz und Indoor Kartbahn (Tel. 065 71/96 94 94).

Zeltinger Himmelreich

Interessant für Freunde heiterer musikalischer Bühnenwerke: Den Namen des berühmten Weines trägt auch eine 1955 erstmals gespielte Operette, die inzwischen alle zwei Jahre im Sommer zu fünf oder sechs Terminen auf dem historischen Marktplatz von Zeltingen (F 4) aufgeführt wird. Sie erzählt vom Winzerleben im späten 18. Jh. Infos: Verkehrsbüro, Uferallee 13, 54492 Zeltingen-Rachtig, Tel. 065 32/24 04 und 065 32/194 33, www.zeltingen-rachtig.de. Nächste Aufführungen: 2005.

Der Mönchhof in Ürzig

Winningen (J 1)

Ein ungleiches Paar hat den schönen Weinort Winningen bekannt gemacht: die Weinhex' und August Horch. Der große Automobilpionier und Gründer der Audi-Werke erblickte in der Fährstraße das Licht der Welt und wird heute im Heimatmuseum mit einer kleinen Ausstellung geehrt. Die »Hex'« hinterließ ihre Spur nicht nur in Gestalt einer Brunnenfigur, sondern auch in zahlreichen Kneipennamen und Fassadendekorationen sowie natürlich als Bezeichnung für die Weingroßlage des Ortes (2700 Einwohner), die bis fast nach Moselkern reicht.

Sehenswert

Markt/Weinhof: Über die auf einem Besen reitende Dame auf dem kleinen, von schmucken Fachwerkhäusern umstandenen Platz erzählen die Winninger gern, sie verkörpere eine garstige Winzersfrau, die ihr Mann auch noch beim Weindiebstahl erwischte. Auf einer Balkenschnitzerei ist die Episode sogar bildlich dargestellt – und in reimenden Worten beschrieben. Tatsächlich erinnert die **Figur der Hex'** an ein trauriges Kapitel Winninger Geschichte: In dem bereits 865 als Windiga erstmals urkundlich erwähnten Ort war der Hexenwahn besonders stark und lange verbreitet. Noch im 17. Jh. verbrannte man laut Gerichtsakten 21 Frauen auf dem »Hexenhügel« (Heideberg), der bereits zu keltischer Zeit eine Kult- und Gerichtsstätte war. Ein Gedenkstein erinnert an ihr Schicksal.

Heute pulsiert um die dunkle Hexenfontäne jenseits der Bahnschienen der Fremdenverkehr: Radler und Schiffsausflügler lassen sich an den Terrassentischen der Gasthäuser zur Einkehr nieder und alljährlich Ende August/Anfang September wird der Brunnen zum Zentrum des ältesten Weinfestes der Mosel.

Bachstraße/Fährstraße: Vom Weinhof führt die Bachstraße mit ihren schmucken Weinhöfen bergan bis zur **Alten Schule** mit dem Heimatmuseum (s. u.) und zur spätromanischen Pfarrkirche. In unmittelbarer Nähe des alten Dorffriedhofes steht in der Fährstraße 19 das **Elternhaus von August Horch** (1868–1951). Eine Wandplakette gibt Auskunft über den Werdegang des Winninger Autopioniers, der es vom Schmiedelehrling zum Ingenieur und schließlich zum Firmengründer brachte (Audi ist übrigens die lat. Übersetzung des Familiennamens Horch). Inzwischen bergen die Mauern die Horch-Pension (s. u.).

Bahnhofstraße: Stattliche, villenartige Winzerhäuser stehen in dieser Straße, darunter auch jenes der Familie Heymann-Löwenstein, deren Weingut zu den 150 besten in Deutschland zählt.

Heimatmuseum: Schulstr. 5, Tel. 026 06/22 14, 21 97, Mi, Sa 15–16.30 Uhr oder nach Vereinbarung.

Sport & Freizeit

Baden/Wassersport: Jachthafen, Tel. 026 06/22 96, Möglichkeit zum Segeln, Windsurfen und Motorbootfahren; Bootsverleih. Modernes beheiztes Freibad am Moselufer, Tel. 026 06/679, Mitte Mai–Aug. tgl. 9–19 Uhr.

Schiffsausflüge mit nostalgischem Dampfer Windiga: nach Kobern-Gondorf oder Koblenz, regelmäßige Fahrten am Wochenende, ansonsten nach Vereinbarung, Tel. 026 06/16 03.

Rundflüge: vom Flugplatz Koblenz-Winningen, Tel. 026 06/822.

Feste & Unterhaltung

Weinfest: letztes August- bis erstes September-Wochenende: folklorereiches, traditionelles Winzerfest. Zehn Tage lang fließt aus dem Weinhex'-Brunnen Moselwein statt Wasser.

Winzer-Offerten in Winningen

Gut zwei Dutzend Winninger Winzer bieten Besuchern mehr als nur Wein. Eine kleine Auswahl: Rosemarie Hautt-Körber nennt nicht nur einen besonders malerischen Innenhof ihr Eigen, sondern auch ein privates Weinmuseum (Bachstr. 16–18, Tel. 026 06/22 95). Richard Richter hat Erlebnisweinproben mit Führung durch sehenswerte Gewölbekeller im Programm (Marktstr. 17–19, Tel. 026 06/31 11). Bei Wolfgang von Canal können u. a. auch Riesling- und Burgundersekte probiert werden; zudem gibt es eine Palette von Spirituosen, Traubenkernöl – und einen Präsentservice (Graf-Sponheim-Str. 10, Tel. 026 06/21 10). Gerd Knebel führt mehrmals im Jahr Weinerlebnisseminare durch (Bachstr. 39, Tel. 026 06/539). Klaus Knebel stellt den neuen Wein im Rahmen eines Gourmetessens vor (Neustr. 37, Tel. 026 06/21 45).

Verkehrsamt: August-Horch-Str. 3, 56333 Winningen, Tel. 026 06/22 14, Fax 026 06/347, fvv-winningen@t-online.de, www.winningen.de.

Winzerhof am Hohen Rain: Gerd Kröber, Tel. 026 06/ 22 62, Fax 026 06/25 72, Ferienwohnung ab 40 € (2 Pers.).
Schöne Privatzimmer bzw. Appartements, Verpflegung auf Anfrage.
Horch-Pension: Fährstr. 19, Tel. 026 06/22 84, Fax 026 06/16 38, 48–70 €.
Fremdenzimmer und Ferienwohnungen, Innenausstattung z. T. noch original aus der Zeit von Horch. Im lauschigen Hofgärtchen werden die Gäste nach Absprache auch zünftig bewirtet.

Campingplatz:
Campinginsel Ziehfurt:
Tel. 026 06/357 u. 026 06/18 00, Mai–Okt., Stellplatz 5 €, Erw. 5 €, Kinder 2–14 Jahre 2,50 €.
Einer der schönsten Campingplätze der Mosel, mitten im Fluss gelegen. Angel- und Bootsanlegemöglichkeit, Kinderspielplatz, Speisewirtschaft, Waschmaschinen.

Weingut Fred Knebel: August-Horch-Str. 9, Tel. 026 06/672, Fr–So.
Winzerwirtschaft. Herzhafte Speisen und Imbisse. Speisen ab 4 €.
Gutsschänke Höreth-Schaaf: Fährstr. 6, Tel. 026 06/597, Fax 026 06/897, info@gutsschaenke.com, www.gutschaenke.com, Mi–Sa 17–24, So 16–24, feiertags 12–24 Uhr, Weihnachten bis Anfang März geschlossen.
Angenehm schlichte Atmosphäre, ländliche, vielseitige Frischeküche. Ausstellungen, Lesungen. Speisen 5–16 €.
Straußwirtschaft Bastian: Am Markt/Weinhof, Tel. 026 06/1747, Mitte Mai–Anfang Sept. und Anfang–Mitte Okt. Di–So.
Leckere Salate, regionale und leichte Küche; am Hexenbrunnen. Speisen 1,50–8,90 € (Hexenpfanne).

Zell (G 3)

Mit ihren 6 Mio. Rebstöcken gehört das bei Touristen überaus beliebte und daher oft überlaufene Moselstädtchen (5000 Einwohner) in der Flussschleife Zeller Hamm zu den größten Weinbau betreibenden Gemeinden in Deutschland. Berühmt wurde es vor allem durch seine Großlage »Zeller Schwarze Katz«. Zahlreiche Geschichten ranken sich um die Entstehung des Namens – die am häufigsten erzählte geht so: Vor vielen Jahren reisten drei Aachener Kaufleute nach Zell, um Wein zu kaufen. Nach einer ausgiebigen Probe standen drei Fässer in der engeren Wahl. Doch man konnte sich nicht entscheiden. Da sprang die Hauskatze just auf jenes Fass, aus dem der Kellermeister gerade eine weitere Probe zapfen wollte, machte einen Buckel und fauchte. Rasch wurden sich nun die Kaufleute einig und entschieden sich für das Fass, welches das Tier so heftig verteidigt hatte. Nach kurzer Zeit kam das Trio wieder, um alle Weine aus jener Lage zu kaufen. Als es dem Winzer erzählte, dass der Wein unter dem Namen Zeller Schwarze Katz reißenden Absatz fände, einigten sich Winzerkollegen und Stadtverwaltung darauf, die gesamte Lage als Zeller Schwarze Katz zu bezeichnen.

Sehenswert

Stadtbild: Die mittelalterliche Bausubstanz des Stadtkerns wurde bei einem großen Brand 1848 fast vollständig vernichtet. Eine der wenigen Ausnahmen bildet das **Haus Caspary** in der Balduinstraße.

Am Marktplatz: Gegenüber dem mächtigen historischen Rathaus errichtete man 1935 den **Schwarze-Katz-Brunnen.**

Reste der Stadtmauer: Von der 1222 errichteten Stadtmauer stehen noch der viereckige **Balduinsturm** im Bachtal an der alten Poststraße sowie in den Weinbergen der **Runde Turm** (Pulverturm), das Wahrzeichen von Zell.

Kurfürstliches Schloss: Das zweitürmige Schloss gilt als einer der schönsten Rokoko-Profanbauten an der Mosel. Es wurde ab dem 14. Jh. von verschiedenen Kurfürsten vor den Stadtmauern errichtet. Durch städtebauliche Erweiterungen befindet sich das Schloss heute ganz in der Nähe des Ortszentrums und beherbergt u. a. ein Hotel (s. u.). Steinfiguren aus der Rokokozeit und ein auffallend schönes schmiedeeisernes Fenstergitter zählen zu seinen Besonderheiten. Eine Innenbesichtigung ist nicht möglich. – Sehenswert ist auch die **Pfarrkirche** neben dem Schloss.

Ausblick: Den schönsten Blick auf Zell hat man vom Ufer Zell-Kaimt. Dort steht mit dem **Hofhaus der Boos von Waldeck** (16. Jh.) noch eines der wenigen erhaltenen Fachwerkhäuser.

St.-Jakobus-Kirche in Kaimt: Marienburger Str.
Die mittelalterliche Winzerdarstellung im Innenraum ist die älteste an der Mosel.

Heimat und Weinmuseum:
Rathaus/Balduinstr. 44,
15. Mai–Okt. Mi, Sa 15–17 Uhr. Dokumente zur Entwicklung des Weinlagenamens »Zeller Schwarze Katz«, aus der Vor- und Frühgeschichte und der Frühzeit des Zeller Weinbaus. Typische Winzergeräte.

Sport & Freizeit

Schwimmen: Erlebnisbad Zeller Land, Di–Fr 13–21.30, in den Schulferien ab 9 Uhr, Sa, So, feiertags 9–18 Uhr. Mit Sauna, großem Sportbecken und weitläufiger Liegewiese.

Radfahren/Mountainbiken: Mountain-Bike-Club Zell, Johannesgasse 2, Tel. 065 42/55 02, Fax 065 42/51 17; Treffen für Touren: Sa 14.15 Uhr RTV Radladen, Marientaler Au 43.

Fahrradverleih und -reparatur: RTV-Radladen, Marientaler Au 43, Zell-Kaimt, Tel. 065 42/42 76; geländetaugliches Equipment, Tourenräder-Verleih; Fahrradland Klaus, Hauptstr. 5, Zell-Merl, Tel. 065 42/25 89.

Angeln: Erlaubnisschein für die Mosel über die Touristen-Info.

Kutschfahrten: Sa und So 10.30 und 14 Uhr, ab 8 Pers. Dauer ca. 1,5 Std. Auskunft und Buchung: Gaststätte Schatzkammer, Tel. 065 42/411 31. Individuelle Termine und Dauer: Gasthaus Zur Linde, Zell/Kaimt, Tel. 065 42/55 68.

Feste & Unterhaltung

Keltisches Weingelage im Ortsteil Kaimt (Ende Aug.).

Touristeninformation:
Rathaus, Balduinstr. 44,
56856 Zell, Tel. 065 42/194 33,
065 42/701 22, 065 42/40 31,
Fax 065 42/56 00, info@zellerland.de,
Buchungshotline 065 42/96 22-0,
Fax 065 42/96 22 29,
www.zell-mosel.de,
www.zellerland.de.

Weingut am Rosenborn: Untere Barlstr. 20, Stadtteil Kaimt, Tel. 065 42/411 78, Fax 065 42/412 44, klaus.stuelb@t-online.de, Ferienwohnung 35–45 € (2–6 Pers.).
Komfortable, helle, kleinkinderfreundlich ausgestattete Ferienwohnung auf einem Ökoweingut.
Schloss Zell: Schloßstr. 8a–10, Tel. 065 42/988 60, Fax 065 42/90 05 15, www.schlosszell.de, hotel@schlosszell.de, 90–110 €.
Hochherrschaftlich geht es hier nicht zu – dafür aber historisch.

Antoniuskeller: Römerstr. 2, Tel. 065 42/41 297, Mai–Nov., geöffnet, Sept./Okt. tgl., ansonsten Do–So ab 19 Uhr.
Deftige Zeller Spezialitäten. Hauptgerichte um 7,50 €.
Café Reinisch: Balduinstr. 77, Tel. 065 42/45 80, Di–So.
Vor dem Kuchen- oder Snackteller pulsiert das Hauptgassenleben. Speisen 3–8 €.
Gutsweinstube Till E: Schloßstr. 10, Tel. 065 42/52 27, www.gutsweinschaenke.de, geschlossen vom 3. Adventssonntag bis Karneval, ansonsten Do–Di 16–23 Uhr.
Gewölbekeller, Gartenterrasse, frische Moselspezialiäten. Speisen 5–15 €.

Ziele in der Umgebung

Tropenzoo: Gewerbegebiet Barl, Tel. 01 71/365 34 98, März–10. Nov. tgl. 10–18 Uhr.
Regenwaldzauber unterm Hallendach: mit Chamäleons, Papageien, Spinnen, Nattern sowie einer Fülle von Dschungelpflanzen.
Briedel: Alter Weinort mit idyllischem Ortsbild und hübsch ausgemalter Kirche; Wein- und Holzküfermuseum,

Hauptstr. 221, Tel. 065 42/411 97. Besichtigung nach Vereinbarung; Hausbrennerei (s. Tipp).
Burg (G 4): Hier wird noch Moselfischerei betrieben. Auf dem Reiswieserhof in der Moselstraße kann man die frischen oder geräucherten Köstlichkeiten aus dem Fluss kaufen. Außerdem betreiben Ulli und Harry Schneider dort eine urige Straußwirtschaft (Tel. 065 41/15 29, tgl. 1. Aug.–17. Okt.).

Moselländische Hausbrennerei

Bei der Kunst des Destillierens dem Brennmeister über die Schulter schauen kann man bei Familie Stölben in Briedel. Sie übt das Brennrecht seit fünf Generationen aus. Die Führung schließt mit einer kleinen Schnaps- und Likörprobe (ab 8 Personen, 5 bzw. 7 € pro Pers.). Hausbrennerei Zum Eulenturm, Hauptstr. 218, Briedel, Tel. 065 42/47 02.

Ausflug

Rund geht's auf der Schobermesse, einem der vielen bunten Feste Luxemburgs

Luxemburg (A 7)

»Mer welle bleiwe, wat mer sin« steht auf einem schönen Erker in einer der verwinkelten Luxemburger Altstadtgassen zu lesen. Bei aller Beharrlichkeit hat sich das im Jahr 963 von Ardennergraf Siegfried gegründete Städtchen (Luxemburg meint »Kleine Burg«; etwa 80 000 Einwohner) zwischen den Tälern von Alzette und Pétrusse jedoch stark in Richtung Zukunft orientiert: mit interaktiven Museen, neuen, futuristischen Stadtteilen, einem umfangreichen Kulturangebot. Zudem ist das Großherzogtum Luxemburg mit seinem Ausländeranteil von fast 40 % wohl der internationalste Staat Europas. Das spürt man in der Metropole allerdings fast ausnahmslos unter der Woche, wenn das EU-Personal und die Banker für Umtrieb in den Kneipen und (Feinschmecker-)Restaurants sorgen. Sonntags sitzen meist nur Touristen unter den Sonnenzelten der Place d'Armes, spazieren durch den historischen Stadtkern mit seinen zahlreichen Brücken (insgesamt 100 besitzt die Stadt) und verwinkelten Gärtchen oder drücken sich an den Schaufenstern der Grand Rue die Nasen platt. Fremde ist Luxemburg seit langem gewohnt: Ursprünglich keltisches Gebiet, gehörte es nach Caesars Gallieneroberung zum römischen Imperium, dann kamen die Franken und zwischen dem 16. und 18. Jh. fiel es während mehrerer Kriege abwechselnd an Frankreich, das Deutsche Kaiserreich, die Spanischen Niederlande und Österreich. Erst 1867 wurde seine Souveränität besiegelt. Inzwischen avancierte Luxemburg-City neben Brüssel und Straßburg zu einer der drei EU-Hauptstädte.

»Summer in the city«

So heißt der Wegweiser durch Luxemburgs spannendste Jahreszeit, die von Anfang Juni bis Mitte September reicht. Die heißesten Tipps für den Sommer, der zum größten Teil Open Air stattfindet; erhältlich beim Tourist Office.

Sehenswert

Notre Dame: Weithin sichtbar prägen die drei schlanken Türme der Liebfrauenkathedrale die Silhouette des Zentrums. Der lichtdurchflutete Kirchenbau mit herrlicher Renaissanceempore ist das Wahrzeichen der Stadt.

Aussichtspunkt: Der beste Blick auf den historischen Stadtkern bietet sich von den Überresten der alten **Lützel-**

burg auf dem Bockfelsen. Der direkt am Fels verlaufende **Chemin de la Corniche** erfüllt quasi die Funktion einer lang gezogenen Aussichtsterrasse. Bei gutem Wetter schaut man bis zum Europazentrum auf dem Kirchberg.

Ehemalige Abtei Neumünster: Zu Füßen des Plateau du Rham mit seinen Türmen und Kasernen liegen am rechten Ufer der Alzette die ehemalige Abtei Neumünster (heute Natur Musée).

Pétrusse-Kasematten: Place de la Constitution, Juli–Sept., Ostern, Pfingsten tgl. 11–16 Uhr. Unterirdische Befestigungsgänge.

Bock-Kasematten: Eingang neben dem Festungsturm »Hohler Zahn«, Montée de Clausen, März–Okt. tgl. 10–17 Uhr.

Spannend ist das Eintauchen in den Bauch des Bockfelsens mit seinen im 18. Jh. angelegten Kasematten, die auf 40 km Länge Platz boten für Tausende von Soldaten, Pferden und Dutzende wichtiger Handwerksbetriebe.

Altstadt: Wer nicht abtauchen mag ins Gängelabyrinth der Kasematten, wendet sich zur **St.-Michael-Kirche,** die auf den Resten der Lützelburg-Kapelle erbaut wurde. Im anschließenden malerischen Altstadtgassengewirr bildet der **Marché-aux-Poisson** (Fischmarkt) den Mittelpunkt. Hier steht auch das Nationalmuseum (s. u.) und ein paar Schritte weiter das **Palais du Duc** (Großherzoglicher Palast).

Tal der Alzette: Dörfliche Atmosphäre erwartet den Besucher im Alzette-Tal, wo früher die Festungsbauer, Müller, Färber und Wollschläger wohnten und sich heute eine schicke Kneipen- und Wohnszene etabliert.

Musée d'Histoire de la Ville de Luxembourg: 14, Rue du St. Esprit, Di, Mi, Fr–So 10–18, Do 10–20 Uhr.
1000 Jahre Stadtgeschichte in einem schönen Patriziergebäude mit modernster Technik aufbereitet.

Musée National d'Histoire et d'Art: Marché-aux-Poissons, Di–Fr 10–16.45, Sa 14–17.45, So 10–12, 14–17.45 Uhr.
Traditionelle Sammlung zur Geschichte und Kultur Luxemburgs.

Natur Musée: 25, Rue Münster, Di–So 10–18 Uhr.
Lebendige, interaktive Präsentation der Naturgeschichte. Empfehlenswert auch für Kids.

Sport & Freizeit

Radfahren: Fahrradverleih bei Velo en Ville, 8, Rue Bisserwé, im Stadtteil Grund, Tel. 47 96 23 38. Von Ostern bis Okt. tgl. 10–12, 13–20 Uhr.

Skaten: Jeden So zwischen 10 und 12 Uhr freie Fahrt im Pétrusse-Tal sowie auf dem dann für den Autoverkehr gesperrten Boulevard Roosevelt, der Pont Adolphe, dem Boulevard de la Pétrusse und dem Viaduc (Passerelle).

Skatepark Hollerich: 5, Rue du Laboratoire, Tel. 44 83 47, Mo–Do 11–22, Fr/Sa 11–23, So 11–20 Uhr.

City Detective: Entdeckertour (kostenpflichtig) für Klein und Groß, Juli–Sept. Di–So, Treffpunkt 14.30 Uhr an der Tourist-Info.

Märkte: jeweils Mi und Sa vormittags auf dem Place Guillaume und Place de Strasbourg (Gemüse, Pflanzen).

Einkaufen

Haupteinkaufszone ist die **Grand-Rue** sowie ihre parallel verlaufenden Nebenstraßen. Hier finden Sie alle großen Kleidermarken aber auch Geschäfte für kleinere Budgets und für Jugendliche. Edles – z.B. von Sonia Rykiel und Louis Vuitton – gibt es in der **Rue Philippe II.;** Flippiges in der **Rue du Nord.** Souvenirs kann man z.B. in der **Rue de**

la Reine (vor dem Palast) erwerben, in der **Rue du Marché-aux-Poissons** sowie in der **Rue Chimay.**

Kaempff-Kohler: 18, Place Guillaume II. u. 14, Rue du Curé, Tel. 47 47 47-1, www.kaempff-kohler.lu.
Traditionsreicher Traiteur und Patissier, seit kurzem mit neuem Käseladen. 140 (!) Sorten sind dort zu haben. Bei den Backwaren gehören die »Rieslingspaschteit« zu den Spezialitäten, die »Macarons mous« sowie die »Médaillons de Luxembourg«. Außerdem: hausgemachte Pralinen, Marzipan und glasierte Maronen. Man kann auch speisen bei K-K.

Model Shop: 88, Rue de Bonnevoie, Tel. 40 72 32, www.modelshop.lu.
Jean-Lou Foulschette lässt bei Fans von Märklin, Faller, Trix etc. die Herzen höher schlagen. Hunderte von Miniaturautos und -bahnen hat er im Angebot. Zudem eigene Modell-Produkte wie Schienenbusse und Straßenbahnen.

Eug. Hoffman: 12, Avenue de la Porte Neuve, Tel. 22 66 20, www.eughoffman.lu.
Seit 1819 führt das Haus Hoffman nobles Schreibgerät nahezu aller wichtigen Hersteller sowie edle Büroaccessoires.

Casa Nova Contemporain: 26, Avenue de la Porte-Neuve, Tel. 22 26 27, www.casanova.lu.
Schöne Wohn- und Büroobjekte in modernem und klassischem Design.

Chaussures Kenza-Lauro: 4–6 Avenue de la Gare, www.kenza-lauro.lu.
Spezialist für Kinder- und Juniorschuhe mit einer herrlich bunten Auswahl.

Ausgehen

Down Under: 10b, Rue de la Loge, nur Fr/Sa.
Einer der besten Musikclubs der Stadt, in einem echten Gewölbekeller.

Conquest: 7, Rue du Palais de Justice, tgl. geöffnet.
Pfeiler der Gay-Szene, exzellente DJs; eine der Top-Adressen für Clubbing.

Rincón Latino: Pfaffenthal, 35, Rue Laurent Menager, Fr, Sa südamerikani-

sche Live-Musik.

The Pulp Club: 36, Boulevard d'Avranche (am Bahnhof), Mi/Fr/Sa ab 22 Uhr.

Immer noch in: Tanz auf allen Etagen; Ausruhen an der Jah Bar.

Melusina: 145, Rue de la Tour Jacob, wochentags Brasserie-Restaurant, Fr/Sa urig gestylte Disko mit sehr jungem Publikum. Terrasse.

Didjeridoo: 41, Rue de Bouillon, Mi, Fr, Sa ab 22 Uhr.

Pop-Rock, gute Stimmung, ein *must* für alle Nachtschwärmer

Stadttheater (Grand Théâtre de la Ville): 1, Rond-Point Schuman, Tel. 4796-3900, Fax 46 57 77, www.theater-vdl.lu, grandtheatre@vdl.lu, auch www.luxembourgticket.lu. Das Städtische Theater hat im September 2003 wieder seine Tore geöffnet.
Théâtre des Capucins: Place du Theâtre, Tel. 4796-4054, Fax 46 50 65, www.theater-vdl.lu, capucins@vdl.lu.
Gastspiele und Eigenproduktionen sowohl in deutscher, französischer und luxemburgischer Sprache.
Kasemattentheater: Rue du Puits in Bonnevoie, Tel. 29 12 81. Aufführungen eher selten in den Kasematten, sondern im alten Eisenbahndepot.

Feste & Unterhaltung

Eimaischen: Emmausfest, traditionelles Töpferfest am Ostermontag auf der Place du Marché-aux-Poissons und in Nospelt.
Oktave-Wallfahrt (April/Mai) zur Kathedrale Notre Dame mit großer Prozession.
Nationalfeiertag (23. Juni) mit Fackelumzügen, Feuerwerk, Parade.
Printemps musical – Festival de Luxembourg: Konzerte von Klassik über Jazz bis Rock. März–Mai.
Summer in the City – Sommerfestival von Juni bis Sept. mit den Highlights: »Rock um Knuedler«, »Open-Air-Rockfestival« im Juli auf dem Wilhelmsplatz, »Blues'n Jazzrallye«, Jazz- und Bluesmarathon in Clausen und Grund im Juli – »Streeta(rt)nimation«, Straßenfestival im Aug.
Live at Vauban: Rock-Pop-Blues-Jazzfestival von Okt. bis Nov.

City Tourist Office: Place d'Armes, Tel. 228 09, 22 02 06, touristinfo@luxembourg-city.lu, www.luxembourg-city.lu/touristinfo/, www.ont.lu, www.lcto.lu, http://cityguide.internet.lu, www.agendalux.lu.
Telefonieren: Möchte man innerhalb des Großherzogtums telefonieren, ist

Ausgehen in Luxemburg

Um den Place d'Armes und in der Altstadt wimmelt es von Kneipen und Restaurants. Ein In-Viertel liegt um den Bahnhof, einige der angesagtesten Cafés findet man in unmittelbarer Nähe des Busbahnhofs Centre Aldringen, trendige Bars in den alten Industriegebäuden der Rue Hollerich (z. B. Chocolate Elvis, Atelier Lu). In der Unterstadt (Grund und Clausen) versprechen irische und englische Bars gute Stimmung. Im Sommer laden vor allem die Terrassen der Cafés zu einem Besuch ein.

Um alle Adressen gefahrlos ansteuern zu können, hat die Stadtverwaltung drei Nachtbuslinien eingerichtet. Die monatlich erscheinende Bibel der »Nightclubber« heißt »nightlife.lu« und ist in den städtischen Lokalen kostenlos erhältlich (auch www.nightlife.lu). Sein Geld wert ist ebenfalls das jährlich herausgegebene Adressenverzeichnis Explorator (www.explorator.lu oder www.restaurant.lu). Zusätzliche Infos zum abwechslungsreichen Nachtleben in Luxemburg-Stadt: http://cityguide.internet.lu, www.party.lu, www.uptown.lu, http://nightlife.european.com.

keine weitere Vorwahl vonnöten. Ruft man aus dem Ausland an, muss man 003 52 vorwählen.

Italia: 15–17, Rue d'Anvers, Tel. 48 66 26-1, Fax 48 08 07, 78 €.
Einfache Herberge im Bahnhofsviertel.

Central Molitor: 28, Avenue de la Liberté, Tel. 48 99 11, Fax 48 33 82, www.hotelmolitor.lu, 145 €.
Ein altes Familienhotel mit 36 sehr schön renovierten Zimmern.

Grand Hotel Cravat: 29, Boulevard Roosevelt, Tel. 22 19 75, Fax 22 67 11, www.hotelcravat.lu, 263–275 €.
Elegante, großzügige, helle Traditionszimmer. Brasserie mit französischen und luxemburgischen Spezialitäten.

Le Royal: 12, Boulevard Royal, Tel. 241 61 61, Fax 22 59 48, www.hotelroyal.lu, DZ 320–430 €, Suiten 560–2060 €.
Das große Haus (190 Zimmer, 20 Appartements) im Stadtzentrum mit allem erdenklichen Komfort, u. a. Hallenbad, Fitnessangebot, Sauna, zwei Restaurants, Garten.

Jugendherberge
2, Rue de Fort Olisy, Tel. 22 68 89, Fax 22 33 60, luxembourg@youthhostels.lu, Preise ab 15,50 €.
274 Betten, sowohl in Sälen mit mehr als 6 Betten als auch in 1-, 2- und 3–5-Bett-Zimmern.

Brasserie des Nations: 42, Rue Phillipe II, Tel. 47 36 45, Mo–Sa.
Einfache französisch-luxemburgische Speisen, Hauptgerichte ab 10 €, Menü ab 15 €.

Goethe in Luxemburg

Literaturfreunde können in der Stadt Luxemburg auf den Spuren des Dichterfürsten wandeln. 1792 wohnte Goethe in der Hauptstadt des Großherzogtums und zeichnete sogar mehrere Ansichten von ihr. Fünf dieser Blätter und einige Skizzen sind erhalten. Der luxemburgische Autor Michael Rodange verfasste eine freie Nachdichtung von Goethes »Reinecke Fuchs« auf luxemburgisch (»De Renert«). Infos über das Tourist Office.

Apicus: 26–30, Rue de l'Eau, Tel. 22 02 24, geschlossen Mo und Di mittags.
Französisch-luxemburgische Küche, Hauptgericht ab 9,70 €.

Speltz: 8, Rue Chimay, Tel. 47 49 50, geschlossen Sa mittags, So u. feiertags.
Klassische französische Küche in behaglichem Ambiente. Menü ab 39,50 €.

Jan Schneidewind: 20, Rue du Curé, Tel. 22 26 18, Di–So.
Vor Bruchsteinwänden tischt der junge Deutsche Jan Schneidewind fantasievolle Kreationen ebenso auf wie Solides. Mittagsmenü 40 €, abends ab 85 € (6 Gänge).

In der Umgebung:

Le Gasthaus: 4, Route de Bettenbourg, Hellange, Tel. 51 65 73, Do–Mo.
Traditionelle Kost auf der Basis von Qualitätsprodukten. Menü ca. 30 €.

Extra-

Fünfmal Mosel, immer anders

1. Auf den Spuren der Römer –
   Von Bernkastel-Kues nach Trier
2. Mosella von oben –
   Wandern auf dem Moselhöhenweg

Alle Touren sind auf dem großen Faltplan eingezeichnet

Touren

Tour 1

Hinterlassenschaft der Römer: die berühmte Schulszene

Auf den Spuren der Römer

Villen, Kelteranlagen, Grabbauten – das gesamte Moseltal birgt ein reiches römisches Erbe. Diese Radtour beschränkt sich auf das »Ballungszentrum« der Funde zwischen Bernkastel-Kues und Trier.

Kelter und Weinschiff

Gestartet wird in Bernkastel-Kues am linken Moselufer. Den ersten Stopp gebietet **Brauneberg** mit der ältesten römischen Kelteranlage nördlich der Alpen. In der übernächsten Flussschleife geht es über die Brücke hinüber nach **Piesport.** Am Fuß eines Rebhanges steht dort die größte römische Großkelter der Mosel. Rund 50 ha Rebfläche konnten in ihr verarbeitet werden. Die Anlage umfasst elf Räume. Einer der Keller wurde nachträglich zum Fumarium umgebaut. Nach Beschreibungen des römischen Chronisten Columella erhielt der Wein durch Zufügung von bestimmtem Rauch vorzeitige Reife. Neben der Großkelter wurden auch römerzeitliche Traubenkerne gefunden.

Die Römerstraße in **Neumagen-Dhron** lässt sich kaum verfehlen; sie zieht sich als Hauptader durch das Straßendorf. Bereits im Garten eines der ersten Häuser reckt sich eine römische Säule gen Himmel. Die eigentliche Attraktion liegt indes auf der Höhe der Conditorei Wald (Haus Nr. 123): Die Nachbildung des berühmten Römerweinschiffs. Es lohnt sich, das Rad stehen zu lassen, und links vom Relief die Straße neben der Peterskapelle hinunter zu gehen. Hier liegt ein Areal mit Säulen- und Mauerresten. Sie zeigen den Standort des Römerkastells Noviomagus an. Ursprünglich umfasste es auf einer ovalen Fläche von ca. 1,3 ha 13 Rundtürme und zwei Toranlagen. In den Fundamenten hatten die Soldaten aus Materialmangel vor Ort gefundene Grabsteine und Steinaltäre verbaut. Diese verzierten Quader spiegeln den Alltag, den Handel und die Entwicklung der Bildhauerkunst des Trierer Landes zur römischen Kaiserzeit (1–3 n. Chr.) einzigartig wider. Einige zieren als Replik heute den ehemaligen Kastellbereich: die berühmte Schulszene, der Transport eines Fuderfasses (am ehemaligen Nordtor), die römische Pachtzahlung (am Verbandsgemeindehaus, Römerstr. 137). Hinter der Kirche fand man zudem 1877 einen Steinblock mit dem Relief eines achterförmig gebundenen Weinstocks.

Meilensteine

In **Detzem** versteckt sich das römische Erbe in einem kleinen Park, überschattet von einem großen Lindenbaum.

Rasch ist man vorbeigeradelt an der Kopie des Römischen Meilensteins *(ad decimum lapidem)*, dem der beschauliche Weinort seinen Namen verdankt. Als Hinweispunkt kann man sich das Weingut Eduard Rauen einprägen. In **Mehring** beeindruckt an der Grenze zwischen Wohngebiet und Weinberg eine wiederhergestellte *villa rustica*, d.h. ein römisches Landgut. Im westlichen Nachbarort **Pölich** lassen sich noch gut Teile der Wasserversorgung eines solchen Anwesens erkennen.

Am Ortsende von **Longuich** (bei Metzger Marx abbiegen, unter der Autobahn durch) verstecken sich inmitten von Weinfeldern die restaurierten Relikte eines weiteren römischen Anwesens – erbaut im städtischen Stil *(villa urbana)*. Sichtbar sind Spuren der Badeanlage, überdies weisen bemalter Wandputz sowie Marmorverkleidung auf den Reichtum des einstigen Besitzers hin. Für Zufallsbesucher bleiben die Gittertüren ins Innere des Gebäudes verschlossen, jeden Sonntag 10. 30 Uhr werden jedoch Führungen angeboten (1 € p. P.; auch nach Vereinbarung über den Verkehrsverein, Tel. 065 02/17 16).

Nach Trier

Entweder über Kenn (Straße) oder auf der Eifelseite des Flusses via Ehrang und den Hafen (Radweg) geht es dann weiter nach **Trier** mit seinen römischen Prachtstücken Porta Nigra, Kaiserthermen, Amphitheater und Konstantinbasilika. Weitere Zeugen römischer Vergangenheit sind die Barbarathermen und die Thermen am Viehmarkt. Wer noch Lust hat weiterzuradeln, überquert die Römerbrücke und hält sich eng am Fluss nach Osten bis Igel. Nur knapp 150 m vom Uferweg entfernt steht hier die **Igeler Säule**. Der 22 m hohe Stein mit Szenen aus dem Leben der Tuchmacher stammt aus dem Jahr 250 n. Chr. und gilt als älteste Grabstele nördlich der Alpen. Das imposante römische Pfeilergrabmal gehört inzwischen zum UNESCO Weltkulturerbe. Eine weiteres Zeugnis römischer Geschichte liegt in den Igeler Weinbergen: das Grutenhäuschen (von Grut = Grotte). Der ehemalige römische Grabtempel, inmitten der Reben des Weingutes Löwener Mühle, wurde 2003 restauriert. Inzwischen kann man sich in seinen Mauern sogar trauen lassen.

Zurück bis Trier geht es über **Konz**, wo in der Krypta der St. Nikolaus-Basilika Reste des prachtvollen Sommersitzes von Kaiser Valentinian erhalten sind.

Tour-Info

Länge und Dauer: Radtour bis Trier 65 km, bis Igel 77 km. Strecke Igel–Konz–Trier 12 km. 1–1,5 Tage; in Trier empfiehlt sich eine Übernachtung.
Zeitpunkt: Am Wochenende herrscht dichter Radverkehr auf den Wegen am Moselufer. In der Wochenmitte fährt es sich also ruhiger. Andererseits finden gerade am Wochenende häufig Winzer- und Straßenfeste statt, wo man sich unkonventionell stärken kann.
Einkehr: »Zum Anker« in Neumagen-Dhron. Die familiär geführte Gaststätte liegt ruhig am Moselufer und direkt neben der Kirche, mit Blick auf die Staustufe. Schöne Terrasse, gutbürgerliche Kost (Ankerstr. 14, Tel. 065 07/33 54). Wer nicht in Trier übernachten möchte, kann bei Familie Scholtes vom Anker gleich neben der Gaststube ein Hotelzimmer oder ein Appartement mieten (DZ 52–58 €).

Ein harter Job: die Weinlese

Tour 2

Mosella von oben

Wandern auf dem Moselhöhenweg

Beiderseits gesäumt von Reblandschaften, die mal steil, mal sanft gekuppt am Ufer aufragen, schlängelt sich die Mosel die letzten 200 ihrer insgesamt rund 500 km in unzähligen Bögen und Schleifen durch die Ausläufer von Eifel und Hunsrück bis zum Deutschen Eck. Bereits 1910 legte der damalige Verein für Mosel, Hochwald und Hunsrück in diesem letzten Flussabschnitt vor der Mündung in den Rhein einen Wanderweg an – den Moselhöhenweg. Eine der interessantesten Etappen mit herrlichen Panoramen spannt sich zwischen **Bullay/Alf** über den **Prinzenkopf,** den **Reiler Hals** und den **Mont Royal** bis nach **Traben-Trarbach**. Start der Tour ist am Bahnhof Bullay. Als die Moselbahn noch existierte, war Bullay ein echter Eisenbahnknotenpunkt. Bullay bestand bereits in römischer Zeit, ab dem 12. Jh. hatte es den Status einer freien Reichsstadt inne. Der Brautrock-Brunnen verweist auf die bekannteste Weinlage des Ortes.

Kopf und Hals

Von dort geht es über den Fluss gleich hinauf zum ersten Aussichtspunkt: dem Prinzenkopf. Er liegt an der schmalsten Stelle einer Moselschleife, so dass man den Fluss gleich zweimal sehen kann. Ein kleiner Schlenker nach Osten beschert von der Marienburg nochmals eine ähnlich eindrucksvolle Perspektive. Seit Urzeiten zog dieser Platz die Menschen an. Die Kelten bauten hier eine Kultstätte, die Römer eine Befestigung. Im Mittelalter stand dort ein Kloster für adelige Augustinerinnen, das vom Kurfürst 1515 wegen »gelockerter Zucht der Chorfrauen« aufgelöst wurde. Heute beherbergt der markante Bau eine Jugendschulungsstätte des Bistums Trier.

Der eigentliche Moselhöhenweg (Markierung: weißes M) beginnt allerdings erst zwischen dem hinter dem Prinzenkopf liegenden Viadukt und dem Bahnhof von **Pünderich.** Nächster Streckenpunkt ist der Reiler Hals mit dem gleichnamigen Forsthaus. Wer mag, schwenkt hier ein auf den Weinlehrpfad, der hinunter in der Ort **Reil** führt mit schönen alten Weinhöfen und Fachwerkhäusern. Über den Weg Nr. 8, der sich auf einer Höhe zwischen 150 und 200 m durch Weinberge parallel zum linken Moselufer schlängelt, gelangt man automatisch wieder auf den Moselhöhenweg. Nach leichtem weiteren Anstieg geht es in weitem Zickzack, vorbei am Feriendorf **Mont Royal** hinauf auf den gleichnamigen Berg (s. S.

78) mit der ehemaligen **Vauban-Festung,** deren Wallanlagen noch teilweise erhalten und auch begehbar sind. An der linken Flanke des Mont Royal, vorbei am Segelflugplatz, steigt man hinunter in das Jugendstilstädtchen **Traben-Trarbach** (s. S. 77).

Rückweg über Enkirch

Nach verdienter Rast heißt es am hunsrückseitigen Ufer hinaufklettern zur **Ruine Grevenburg** (s. S. 79). Nun liegt die Traben-Trarbacher Moselschleife zur Linken. Beim nächsten Etappenziel **Starkenburg** hoch über dem Flusstal genießt man eine herrlichen Aussicht auf die Mosel. Allmählich geht es nun abwärts bis nach **Enkirch,** der Schatzkammer moselfränkischer Dorfbaukunst. Eine Vielzahl moselländischer Fachwerkhäuser und historischer Weinhöfe lohnen hier längeres Verweilen. Um zum Ausgangspunkt Bullay Bahnhof zurück zu gelangen, muss man in Enkirch den Moselhöhenweg verlassen und der E 4/Q3-Markierung folgen. Sie führt über Burg nach Pünderich. Dort wartet dann die Fähre hinüber ans andere Moselufer. Nun ist man am engsten Punkt der Flusschleife und es gilt nochmals die Mosel zu überqueren (entweder über die Eisenbahn- und Autobrücke unter halb des Prinzenkopfes oder in Alf mit der Fähre).

Variante: Steiler geht's nicht

Besonders gut trainierte, trittsichere und schwindelfreie Wanderer können die Tour bereits in **Ediger-Eller** beginnen (Bahnhof Eller) und von der links der Brücke in den Weinberg führenden Straße in den neuen Klettersteig am **Calmont** (s. S. 46) einsteigen, dem steilsten Weinberg Europas. Der kaum drei Fuß breite, schmale Schieferbruchpfad umfasst mehrere Leitern, die zu erklettern sind (1,5–2 Std.). Dafür bietet er wohl den schönsten Blick auf die kleinste der drei engsten Moselschleifen und die in ihr liegende Klosterruine Stuben. Oberhalb der spätgotischen St. Laurentius-Kirche und des unmittelbar am Beginn der Rebhänge gelegenen Friedhofs von **Bremm** (s. S. 46) hält man sich dann rechts in Richtung Gipfelkreuz und schwenkt dort ein auf den Moselhöhenweg. Er führt bis hinter St. Aldegund etwas weg vom Fluss und über den rund 400 m hohen Solig hinunter zum Schiffsanleger von Alf. Dort steigt man über den Parkplatz Waldfrieden hinauf zum Viadukt oder zu den Aussichtspunkten Prinzenkopf und Marienburg.

Tour-Info

Länge und Dauer: Wanderung Bullay–Traben-Trarbach (links der Mosel) 15 km, Traben-Trarbach–Bullay (rechts der Mosel) 15 km. (Variante ab Ediger-Eller–Traben-Trarbach ca. 30 km) In Traben-Trarbach empfiehlt sich eine Übernachtung.
Zeitpunkt: Besonders schön ist der Anblick der Rebhänge im Herbst, wenn sich das Weinlaub rotgolden färbt. Den Rückweg sollte man Mo, Mi oder Fr antreten, denn nur dann ist die Fähre in Pünderich in Betrieb.
Fährzeiten: Die Personenfähre zwischen Alf und Bullay verkehrt täglich 7.30–18 Uhr; die Pündericher Fähre Mo, Mi und Fr 8–9, 11–12, 13–14 und 16.15–18.15 Uhr.
Bahnverbindungen: Von Koblenz via Cochem täglich Züge im Stundentakt. Fahrtzeit 45–60 Minuten. Von Bullay am Nachmittag Richtung Cochem/ Koblenz im Halbstundentakt.

Tour 3

Winzer an der Luxemburger Waistroos

Spritziger Elbling

Die älteste Moselrebe

Seit mehr als 2000 Jahren wächst in der Region zwischen Trier und Perl beiderseits der Mosel eine besondere Rebe: der Elbling. Die aus seinen gelben und roten Trauben gewonnenen Weine eignen sich durch ihre natürliche Spritzigkeit und Frische hervorragend für die Sektherstellung. Die Tour führt sowohl auf deutscher wie auf Luxemburger Seite durch das Anbaugebiet dieser speziellen und wohl ältesten Moselrebe.

Die Römer sahen in den Muschelkalkböden zwischen Saar und heutiger französischer Grenze sowie in dem dort herrschenden Klima beste Voraussetzungen für den Anbau des Elbling. *Albus,* der Weiße, nannten sie ihn. In den wechselvollen Jahrhunderten nach ihrem Abzug sorgten vorwiegend Klöster und Stifte für den Fortbestand der Elblingkulturen. Ihre größte Verbreitung fand diese Rebe im späten Mittelalter – in nahezu allen Weinregionen Mitteleuropas. Mit Beginn der Neuzeit geriet sie in Vergessenheit. Auf nur noch 1000 ha kultivieren sie heute die Winzer an Obermosel und Sauer.

Jenseits von Trier

Die ersten Elbling-Stöcke stehen bereits im Gebiet um **Konz** und jenseits der Saarmündung bei **Wasserliesch**. Auch in **Temmels** und dem Bergbauort **Wellen** verstecken sich auf den sanften Hängen hinter der Bahntrasse kleine Parzellen dieses Weins. Die größte Elbling-Anbaufläche besitzt indes das Örtchen **Nittel:** 30 ha. Insgesamt stehen rund 2 Mio. Weinstöcke in der von mächtigen Kalk- und Dolomitfelsen überragten Gemarkung. Winzer Matthias Dostert hat hier zudem dafür gesorgt, dass der rare, lange Zeit als minder verkannte rote Elbling wieder als Qualitätswein zugelassen wurde. Hoch über dem Ort steht inmitten der Weinberge die barock ausgestattete Rochuskapelle.

Probe beim Baron

In Rehlingen und **Wincheringen,** wo man noch den Turm und das Herrenhaus des einstigen Wasserschlosses sehen kann, bieten sich ebenfalls oben in den Rebhügeln herrliche Ausblicke hinüber auf die steilen, ebenfalls dicht mit Weinstöcken bestandenen Luxemburger Uferhänge der Mosel. In **Palzem,** das schon zur Römerzeit besiedelt war und eine eindrucksvolle doppeltürmige Dorfkirche besitzt, ist Baron von Hobe-Gelting zu Hause. Auf seinem Weingut **Schloss Thorn** aus dem 16. Jh. kann man neben der größten erhaltenen Baumkelter verschiedene Elblingweine und Sekte probieren. Über **Nennig,** wo man sich keinesfalls die größte jemals im Moselgebiet gefundenen Römervilla mit ihrem exquisiten Mosaikfußboden entgehen lassen sollte, erreicht man **Perl.**

Am luxemburgischen Ufer

Eine Brücke führt hinüber ins berühmte **Schengen,** vor dessen Kulisse auf einem Moselschiff 1985 das gleichnamige Abkommen zum Wegfall der europäischen Grenzkontrollen unterzeichnet wurde. Das Schloss, erbaut auf den Resten einer Wasserburg, ziert heute als Zeichnung viele Weinetiketten. Angefertigt wurde die Skizze übrigens 1871 von dem französischen Dichter Victor Hugo. Nun ist die **Luxemburger Waistroos** erreicht, die am Fluss entlang hinauf führt bis Wasserbillig. Den ersten Halt gebietet die umtriebige Wein- und Handelsstadt **Remich** mit ihren Altstadtgassen hinter der Porte St. Nicolas und der schattigen, von Restaurants gesäumten Esplanade. Wer mit dem Rad unterwegs ist, kann hier auch auf das Schiff umsteigen und durch die ursprüngliche Landschaft der Obermosel hinaufgleiten bis Wormeldange (1,5 Std.). Jene, die auf der Straße oder dem Uferweg bleiben, finden im urtümlichen **Ehnen** ein sehr gutes Weinmuseum sowie die einzige Rundkirche Luxemburgs. Das benachbarte **Wormeldange** ist ein typisches luxemburgisches Weindorf; beim Besuch in der Crémantkellerei erfährt man alles über diese Sektspezialität. Vom Wormeldanger »Koeppchen«, der besten Weinlage der Luxemburger Mosel, bietet sich ein schöner Panoramablick. Über **Ahn** und **Machtum,** in dessen Zentrum eine alte Weinpresse (Torkel) steht, geht es weiter nach **Grevenmacher.** Enge, restaurierte Altstadtgassen und die quirlige Promenade de la Moselle machen den Charme dieses Städtchens aus. Ein schöner Kreuzweg führt hinauf zur Kreuzkapelle, auf dem Grevenmacher Berg hat man eine römische Grabanlage rekonstruiert. Bei Wasserbillig geht es mit der Fähre über die Sauer wieder zurück nach Deutschland. **Langsur, Mesenich** und **Metzdorf** sind typische Winzerorte an der Sauer, in denen ebenfalls Elbling angebaut wird. Gleiches gilt für das Gebiet um **Igel.**

Tour-Info

Entfernung/Dauer: 115 km. Mit dem Auto inkl. Besichtigungen Tagestour, mit dem Fahrrad je nach Kondition 1–1,5 Tage.

Verkehrszeiten der Moselfähre in Wasserbillig: Mo–Fr 8–20, Sa/So und feiertags 10–20 Uhr.

Elblingweinlehrpfad: Der gut beschilderte Pfad durch die Weinberge von Nittel kann individuell begangen werden oder im Rahmen einer Gruppenführung (ca. 10 Pers., Dauer 1,5 Std., Gruppenpreis 27 €. Anmeldung Saar-Obermosel-Touristik e. V. Tourist-Information Konz, Granastr. 22, 54329 Konz, Tel. 06501/7790.

Weingut Schloß Thorn: Mo–Fr 14–18, Sa, So 10–18 Uhr.

Crémantkellerei: Weinstr. 155, Wormeldange, tgl. 7–20 Uhr, Besichtigungen 1. Mai–1. Nov. tgl. 13–18 Uhr, sonst n. V., Tel. 003 52/76 82 11.

Übernachten: Luxuriös übernachten, Wellness genießen, beim Sternekoch speisen: im Hotel Schloss Berg, s. S. 74. Oder ein Zimmer beim Winzer buchen: Weingut Karl Sonntag, Kirchenweg 22, 54453 Nittel, Tel. 065 84/71 39, 42 €.

Tour 4

Die »Schüssel« des Weinfelder Maars

Zu den Augen der Eifel

Von Cochem (s. S. 48) aus startet diese Tour zu den Maaren der Vulkaneifel. Zwischen Bad Bertrich im Südwesten und Ormont nahe der belgischen Grenze liegt ein etwa 50 km langer und 30 km breiter Landstrich mit rund 350 Ausbruchszentren. Nur wenige dieser – inzwischen fest schlafenden – Feuerberge weisen wassergefüllte Krater auf. Diese schüsselförmigen Vertiefungen liegen fast ausnahmslos um das Kurstädtchen Daun: das Ulmener Maar, das Weinfelder, das Schalkenmehrener, das Meerfelder, das Immenrather sowie das Holz- und das Pulvermaar. Viele Jahrhunderte erzählten sich die Eifler über diese schimmernden »Augen« ihrer Heimat schaurig-schöne Geschichten. Inzwischen wandelten sich die aus der Berührung von Wasser und glühender Magma entstandenen Maare zu beliebten Ausflugszielen – oder dienen als romantisches Versteck für Verliebte.

Zum Eifel-Vulkan-Museum

Erstes Ziel der Tour ist das Ulmener Maar. Von den Rebhängen der Mosel schlängelt sich die Straße gen Norden, hinauf in eine sanfthügelige Landschaft, mit Weizen, Klee- und Rapsfeldern. Dazwischen sorgen Mischwaldhaine für satte grüne Tupfer. Nur knapp eine Handvoll Dörfer liegen an der Strecke. Das **Ulmener Maar** grüßt mit silbrigem Glitzern schon aus der Ferne; es ist eingebettet in eine Senke am Schnittpunkt der Trier-Koblenzer Autobahn (A1) mit der Bundesstraße B 259. Ein schmaler Fußweg führt durch den dichten Baumkranz rund um den Vulkansee.

Über Hörscheid geht es weiter bis zum Städtchen **Daun.** Hier ist das Geozentrum Vulkaneifel mit dem **Eifel-Vulkan-Museum** zuhause. Dank Touchscreens und naturnaher Objekte lässt sich vulkanische Tätigkeit in den Ausstellungsräumen hautnah erleben: Ein Schlackenkegel zischt, spuckt und raucht, durch Luftzufuhr gerät ein Born ins Wallen, mittels Fingerdruck lässt sich Ascheablagerung und Veränderung einer Miniaturlandschaft nach einem Vulkanausbruch erfahren. Angereichert werden diese Attraktionen durch faszinierende Bilder und Exponate von zum Teil noch aktiven Vulkanen aus allen Teilen der Welt.

Von Maar zu Maar

Am Ortsausgang von Daun weist ein Schild nach links zum **Weinfelder Maar** und **Schalkenmehrener Maar**. Schautafeln am Straßenrand erläutern Lage und geologische Struktur der beiden einander gegenüberliegenden, durch einen breiten Grat getrennten

Vulkanformationen. Über Brokscheid geht es weiter zum winzigen **Holzmaar** und zum **Pulvermaar.** Am Ufer des Letzteren locken bei schönem Wetter das Naturbad und eine Seeterrasse; auch Boote können gemietet werden. Etwas oberhalb der kreisrunden Wasserfläche zieht sich ein Campingplatz den bewaldeten Hang hinauf. Nur knapp 5 km südöstlich dieser touristisch bestens erschlossenen Idylle liegt das lauschige **Immenrather Maar**. Mit einem Abstecher ins traditionsreiche Bad Bertrich (s. S. 40), wo Deutschlands einzige Glaubersalzquelle sprudelt, geht es über Beuren zurück an die Mosel.

Variante über Wittlich

Als Variante bietet sich die Weiterfahrt vom Holzmaar längs eines Teilstücks der Deutschen Wildstraße über Eckfeld bis zum **Meerfelder Maar** an und dann zurück über das für seine Säubrennerkirmes bekannte Städtchen Wittlich. Bei Machern oder Reil trifft die Straße wieder auf die Mosel.

Alternative für Radfahrer

Radler sollten den **Maare-Mosel-Weg** ausprobieren. Die 55 km lange Strecke folgt der alten Bahntrasse zwischen Daun und Lieser. Sie führt nahezu ebenerdig vom Dauner Bahnhof über ein fast 30 m hohes Viadukt und durch einen Tunnel mit dem schönen Namen »Großes Schlitzohr« und tangiert sowohl das Pulvermaar als auch das winzige Holzmaar. Das Schalkenmehrener Maar ist mit einem kleinen Abstecher ebenfalls leicht zu erreichen. Wer die etwas mühsame Auffahrt von Cochem scheut, beginnt die Tour in Bernkastel-Kues. Von dort verkehrt stündlich ein Radlerbus nach Daun.

Tour-Info

Länge und Dauer: Autostrecke Cochem–Daun–Bad Bertrich ca. 95 km, reine Fahrzeit knapp 2 Std. Variante über Wittlich je nach Rückfahrtroute ca. 135–155 km, reine Fahrzeit 3–3,5 Stunden. Mit Museumsbesuch, Besichtigungen und Badepause(n) ein ganzer Tag.
Zeitpunkt: Jeden Mi ist in Daun Bauernmarkt (9–13 Uhr auf dem Parkplatz in der Wirichstr.). Jeweils in der 3. Septemberwoche findet in dem Kurstädtchen im Zwei-Jahres-Turnus (nächster Termin: 2005) das Krimifestival Tatort Eifel statt mit interessanten Lesungen. Infos über Tel. 065 92/ 933-245, 933-219 oder 933-284, www.tatort-eifel.de.
Einkehr: Alte Schmiede, Alte Rossgasse 2, 54550 Daun-Pützborn, Tel. 065 92/98 54 41. Urige Anlaufstelle für Motorradfahrer und Radler. Speisen 3,60–11,40 €.
Übernachten: Hotel »Kurfürstliches Amtshaus«, Auf dem Burgberg, 54550 Daun, Tel.065 92/925-0, Fax 0 65 92/925-255, 118–135 €. Elegantes Haus auf einem Vulkankegel mit einer herrlichen Aussicht über Daun. Gourmetrestaurant, Felsenschwimmhalle, Uhrenmuseum.
Eifel-Vulkan-Museum: Leopoldstr. 9, Di–Fr 13–16.30, Sa, So, feiertags 11–16.30, 1.–30. Nov. sowie 1.–31. März nur Mi–Fr 14–16.30, Sa, So, feiertags 11–16.30 Uhr.
Information: Tourist-Information Daun, Leopoldstr. 5, 54552 Daun, Tel. 065 92/951 30, Fax 065 92/95 13 20, touristinfo@daun.de, www.daun.de.

Tour 5

Wer seine Schmuckschatulle auffüllen mag, ist in Idar-Oberstein richtig

Ins Land der funkelnden Steine

Von Bernkastel-Kues (s. S. 43) führt dieser Ausflug quer durch den Hunsrück, eine der reizvollsten deutschen Mittelgebirgslandschaften, ins Land der Edelsteine. Seit dem Mittelalter gab es um Idar-Oberstein Mineralienfunde, die bis ins späte 19. Jh. abgebaut wurden. Die Steine – z. B. Achate, Amethyste, Jaspis – wurden direkt vor Ort in Schleifmühlen verarbeitet. 183 dieser wasserbetriebenen Schleifstätten zählte man einst, 56 allein am Idarbach. Nachdem der kommerzielle Mineralienabbau in den Minen zum Erliegen kam, legte man bald auch einen Großteil der Bachschleifen still. Jene, die heute noch aktiv sind, verarbeiten meist Importware.

Über Katzenloch hin

Die Route folgt der durch ein Diamant-Symbol gekennzeichneten Deutschen Edelsteinstraße. Erste Station ist **Allenbach** mit seinem schönen Schloss und einer sehenswerten modernen Edelstein-Schleiferei. Über **Katzenloch,** wo ein historisches Sägewerk beheimatet ist, geht es weiter bis **Kirschweiler.** Auch dort erwartet den Reisenden eine moderne Besichtigungsschleiferei. Bei **Algenrodt** liegen inmitten eines Naturschutzgebietes die einzigen zur Besichtigung freigegebenen Edelsteinminen Europas. Neben dem Besucherstollen umfasst der **Steinkaulenberg** auch einen Schürfstollen. Nach vorheriger Anmeldung kann hier jedermann unter bergmännischer Aufsicht nach seinem eigenen Gesteinsschatz schürfen.

Wie mühsam die Verarbeitung der Funde einst war, lässt sich in der **Historischen Weiherschleife** nachvollziehen, der älteste der noch erhaltenen Achatschleifmühlen. Das heute in einer herrlichen Parklandschaft nördlich vor den Toren Idar-Obersteins (B 422) liegende Anwesen war – mit Unterbrechungen – von 1634 bis 1945 in Betrieb. Nach der Schließung drohte es aber wie fast alle anderen Schleifen der Region zu verfallen. Inzwischen restauriert und (behindertengerecht) erneuert, können Besucher nun dort das harte Tagwerk der Edelsteinschleifer früherer Jahrhunderte live erleben.

In all ihrer Pracht zeigen sich die Steine in **Idar-Oberstein.** Ein Edelsteinbrunnen plätschert dort und durch die Fußgängerzone des Stadtteils Idar zieht sich ein mit Edelsteinen besetzter Bach. Ganz in seiner Nähe steht das **Deutsche Edelsteinmuseum**. Alle weltweit vorkommenden Edelsteine sind in der Gründerzeitvilla in mehr als 9500 Exponaten zu bewundern. Neben rohen und geschliffenen Steinen präsentiert die wohl größte Sammlung ihrer Art kunstvoll gearbeitete Skulpturen und Gravuren. Lohnenswert ist auch der Blick in den Kristallsaal des Museums Idar-Oberstein zu Füßen der sehenswerten Felsenkirche.

Über Fischbach zurück

Für die Rückfahrt passiert man zunächst das Fischbachtal. Im Kupferbergwerk von **Fischbach** wird der mittelalterliche Erzabbau dargestellt. In **Herrstein** mit seinem aufwendig restaurierten Fachwerkensemble lockt ein Schinderhannesturm. In der Edelsteinschleiferei **Asbacher Hütte** drehen sich seit vier Generationen ununterbrochen die riesigen Sandsteinräder. Und **Kempfeld** birgt einen Edelsteingarten: 60 auf Pfosten präsentierte Edelstein-Rohsteine laden vor seinen Toren zum Schauen und Anfassen ein.

Tour-Info

Länge und Dauer: ca 100 km, reine Fahrzeit 1,5–2 Std. Mit Besichtigungen 0,5–1 Tag.
Zeitpunkt: Im Rahmen des Sommerfestivals »Idar-Oberstein leuchtet« veranstaltet die Stadt den ganzen Juli über im Schlosshof ein Kulturfestival. Am 2. Augustwochenende findet in der Fußgängerzone der Deutsche Edelsteinschleifer- und Goldschmiedemarkt statt (Sa/So 10–19 Uhr). Tickets und Infos: Tourist-Information, Georg-Maus-Str. 2, 55743 Idar-Oberstein, Tel. 067 81/644 21, www.idar-oberstein.de. Im Kupferbergwerk Fischbach wird an jedem ersten Oktoberwochenende die traditionelle Kupfergewinnung demonstriert.
Infos Deutsche Edelsteinstraße: Brühlstr. 16, 55756 Herrstein, Tel. 067 85/791 03 u. 791 04, www.deutsche-edelsteinstrasse.de
Edelsteinminen GmbH Idar-Oberstein: Tel. 067 81/47 04 00 Stadtbus 3 bis Straßburgkaserne, Besucherstollen 15. März–15. Nov. tgl. 9–17 Uhr, 16. Nov.–15. Dez. Mo–Do 9–17, Fr 9–10 Uhr (nur n. Voranmeld. für Gruppen ab 15 Pers.), 4 €. Schürfstollen 15. März–15. Nov. Mo–Sa 9–12 und 13–16 Uhr, Anmeldung erforderlich, 13 € für 3 Std.
Historische Weiherschleife: Tel. 067 81/315 13, 15. Feb.–14. März sowie 16. Nov.–15. Dez. Mo–Fr 10–16 Uhr, 15. März–15. Nov. tgl. 10–18 Uhr, 3 €.
Deutsches Edelsteinmuseum: Tel. 06 78 21/90 09 80, Stadtbuslinien 1–3, Haltestelle Börse, 1. Mai–31. Okt. tgl. 9–18, 1. Nov.–30. April tgl. 9–17 Uhr, 4,20 €.
Museum Idar-Oberstein: Am Obersteiner Marktplatz (zu Fuß durch die Fußgängerzone erreichbar), Tel. 067 81/246 19, 1. April–31. Okt. tgl. 9–17.30, 1. Nov.–31. März tgl. 10–17.30 Uhr.
Kupferbergwerk Fischbach: Tel. 067 84/23 04, 16. Feb.–14. Nov. tgl. 10–17, 15. Nov.–15. Feb. jeweils zu den Führungen um 11.30 und 13.30 Uhr, 4 €.
Edelsteingarten Kempen: Ganzjährig geöffnet, im Ort ausgeschildert.
Asbacher Hütte: Achatschleiferei Ernst Biehl jun., 55758 Asbacherhütte, Tel. 067 86/15 05, Do–Di 9–17.30 Uhr (feiertags und in den Schulferien auch Mi), Eintritt inkl. Führung 1,60 €.

Register

Ihre Anregungen greifen wir gern auf – schnell und unkompliziert.
Unsere Service-Nummer: 0190/145031 (0,61€ pro Minute)
DuMont Reiseverlag, Postfach 101045, 50450 Köln, E-Mail: info@dumontreise.de

Fotonachweis:
Titelbild: Cochem mit Reichsburg
Vignette: »Kröver Nacktarsch«
S. 4/5: Burgfest auf der Cochemer Reichsburg
S. 38/39: Marktplatz Bernkastel-Kues
S. 106/107: Porta Nigra in Trier

Ralf Freyer (Freiburg): S. 3, 6/7, 22, 72, 116
Michael Jeiter (Merzenich): S. 12, 20, 40, 45, 52, 56, 93, 95, 99
Lothar Lenz (Cochem): S. 49
Karl Maas (Schalkenmehren): S. 66
H. P. Merten (Kastel-Staadt): Titelbild, S. 1, 2, 8/9, 10, 14, 18/19, 24, 26, 33, 38/39, 60/61, 78/79, 89, 100, 106/107, 110, 112, 114
Eberhard Schmitt-Burk: S. 30, 108

Kartografie: © DuMont Reiseverlag, Köln

Grafisches Konzept: Groschwitz, Hamburg
Druck: Rasch, Bramsche
Buchbinderische Verarbeitung: Bramscher Buchbinder Betriebe

ISBN 3-7701-6462-8